JN301579

民事判例の

読み方
学び方
考え方

Learning, Understanding
and Applying of the
Supreme Court decisions
Written by Jun Masuda

著者／升田 純

有斐閣

はしがき

　本書は，最高裁の民事事件の判例を題材として判例の理解を深めるとともに，法律実務に利用可能な法律論を体得することを目論んだものである。日本の法制度の下で判例をどのように位置づけるかには様々な議論があるが，法律実務では，最高裁の判例につき，その内容に応じて相当程度の拘束を認めることを前提として利用されているし，高裁，地裁の判例も利用されることがある。法律実務で主張・立証の法律論を展開するためには，判例の法的な意義，内容，論理，考え方，合理性・妥当性，射程距離を正確かつ十分に理解し，的確かつ柔軟に利用することが重要であり，特に最高裁の判例はその重要性が高い。

　最高裁の判例の法的な意義等は，法学部，法科大学院に入学し，学習を行う段階において的確かつ適切に理解されるべきであるが，時間の制約，試験への焦り，法律実務の未経験等の事情から，安易で短絡的な理解のままである風景を見かけることが多い。この風景は，法律実務の一部でも見かけることがある。

　判例の法的な意義・内容等を理解する方法・姿勢は多様であるが，少なくとも，要旨や判旨を読んで済ますとか，コメントや判例解説を読んで満足するという方法によることだけでは十分ではない。実際に正確かつ十分な理解をするためには，まず，判例の事実関係を正確に把握し（多くの場合，事件の背景，時代の状況も把握しておくことも重要である），訴訟の類型を前提とし，判例が取り上げた法律問題を的確に把握した上で，判例が採用した法理論の内容と根拠，事件の結論を正確かつ十分に理解することが必要である。判例の理解は，言うは易く，行うは難しであるが，日常的な学習・検討の場面では，

判旨を読めば分かった気持ちにさせることが多く，とかく安易に流れがちである。

　本書は，以上のような認識の下，最近の最高裁の判例が，確定した事実関係を相当丁寧に説示していることから，判例を題材として利用し，判例の読み方，学び方，考え方，使い方を体得することを企図したものである。具体的には，最高裁の判例に摘示された事実関係を読むことによって，自ら判例の立場に立ったものとして，その事実関係から提起される訴訟の類型，法律問題を自ら想定しつつ，法理論の内容と根拠を検討・分析し，説明することを求めるものである。判旨等から最高裁の判例を学ぶのではなく，判例が摘示した事実関係を読み，判例が想定した法律問題を自ら取り上げ，その法理論・根拠・法的な意義等を分析し，明らかにし，日常的に使えるようにすることによって判例を学ぶことを求めるものである。このような検討・分析・説明をすることによって最高裁の判例をより正確に理解することができるようになり，また，このような検討等を繰り返して行うことによって（例えば，10 分間程度の時間を定めて，判例の考え方を具体的に書いてみるなどの方法がある）法律実務に対応できる法律論を体得することも期待できよう。

　本書は，最高裁の民事事件の判例を題材とし，最高裁の立場に立った法理論の検討・分析・説明を求めるものであるが，最高裁の判例に盲従することを学習するものではない。法律実務の現場では，最高裁の判例に様々な立場から取り組むことが通常であり，そのためには，判例につきその長所・短所，限界等を正確かつ十分に理解した上で，柔軟，臨機応変に判例を利用し，対応することが重要であるが，本書がそのささやかな一助となることを希望している。本書は，この趣旨から，『民事判例の読み方・学び方・考え方』を題名としたものである。

　本書の内容，方法の一部は，筆者が現在所属する中央大学法科大学院における授業で実践したものであり，その経験をも本書の内容に反映させる等しているが，その発端と全体の企画は法律実務の実状と筆者の実務経験にもと

づくものである。

　本書が世に出るに至るまでには，有斐閣書籍編集部の伊丹亜紀氏に大変にお世話になり，また，法科大学院における実践の段階では中央大学法科大学院の同僚である出口尚明教授の助言をいただいた。この場を借りて感謝を申し上げたい。

　2013 年 1 月

升 田　　純

もくじ

I 序
判例の意義と読み方・学び方　2

II 事例

1 …… 20　☐☐☐☐☐　　**11** …… 60　☐☐☐☐☐

2 …… 24　☐☐☐☐☐　　**12** …… 65　☐☐☐☐☐

3 …… 28　☐☐☐☐☐　　**13** …… 69　☐☐☐☐☐

4 …… 34　☐☐☐☐☐　　**14** …… 74　☐☐☐☐☐

5 …… 37　☐☐☐☐☐　　**15** …… 77　☐☐☐☐☐

6 …… 41　☐☐☐☐☐　　**16** …… 81　☐☐☐☐☐

7 …… 44　☐☐☐☐☐　　**17** …… 86　☐☐☐☐☐

8 …… 49　☐☐☐☐☐　　**18** …… 90　☐☐☐☐☐

9 …… 53　☐☐☐☐☐　　**19** …… 93　☐☐☐☐☐

10 …… 56　☐☐☐☐☐　　**20** …… 96　☐☐☐☐☐

21 …… 100 □□□□□	**36** …… 174 □□□□□
22 …… 105 □□□□□	**37** …… 179 □□□□□
23 …… 108 □□□□□	**38** …… 183 □□□□□
24 …… 113 □□□□□	**39** …… 186 □□□□□
25 …… 118 □□□□□	**40** …… 189 □□□□□
26 …… 124 □□□□□	**41** …… 193 □□□□□
27 …… 129 □□□□□	**42** …… 196 □□□□□
28 …… 133 □□□□□	**43** …… 202 □□□□□
29 …… 137 □□□□□	**44** …… 208 □□□□□
30 …… 142 □□□□□	**45** …… 211 □□□□□
31 …… 149 □□□□□	**46** …… 215 □□□□□
32 …… 154 □□□□□	**47** …… 221 □□□□□
33 …… 159 □□□□□	**48** …… 226 □□□□□
34 …… 165 □□□□□	**49** …… 229 □□□□□
35 …… 169 □□□□□	**50** …… 232 □□□□□

＊満足できる説明ができた場合などには，□にチェックを入れるなどして，□を利用して下さい。

判例索引　237

凡 例

1 判例の表記

最 3 小判平成 10・5・26 民集 52 巻 4 号 985 頁
→ 最高裁判所第三小法廷・平成 10 年 5 月 26 日判決，最高裁判所民事判例集 52 巻 4 号 985 頁登載

最 大 判 (決)：最高裁判所大法廷判決（決定）
最○小判 (決)：最高裁判所第○小法廷判決（決定）

2 判例集・雑誌名の略記

民　集：最高裁判所民事判例集
家　月：家庭裁判月報

判　時：判例時報
判　タ：判例タイムズ

金　判：金融・商事判例
金　法：旬刊金融法務事情
重判解：重要判例解説
　　　　（ジュリスト臨時増刊）
主民解：主要民事判例解説
　　　　（判例タイムズ臨時増刊）
ジュリ：ジュリスト
セレクト：判例セレクト
　　　　（法学教室付録）

判　自：判例地方自治
判　評：判例評論（判例時報付録）
法　教：法学教室
法　協：法学協会雑誌
法セミ：法学セミナー
民　商：民商法雑誌
リマークス：私法判例リマークス
　　　　（法律時報別冊）

3 判例百選の略記

家族法百選：『家族法判例百選〔第 7 版〕』(2008 年)
消費者百選：『消費者法判例百選』(2010 年)
手形小切手百選：『手形小切手判例百選〔第 6 版〕』(2004 年)
不動産百選：『不動産取引判例百選〔第 3 版〕』(2008 年)
民執・保全百選：『民事執行・保全判例百選〔第 2 版〕』(2012 年)
民訴百選：『民事訴訟法判例百選〔第 4 版〕』(2010 年)
民法百選 I：『民法判例百選 I〔第 5 版補正版〕』(2005 年)，『同〔第 6 版〕』(2009 年)
民法百選 II：『民法判例百選 II〔第 6 版〕』(2009 年)

著者紹介

升田　純　*Jun MASUDA*

- 1974 年　農林省
- 1975 年　司法研修所司法修習生
- 1977 年　東京地方裁判所判事補
- 1982 年　最高裁判所事務総局総務局局付判事補
- 1985 年　福岡地方裁判所判事補
- 1987 年　福岡地方裁判所判事
- 1988 年　福岡高等裁判所職務代行判事
- 1990 年　東京地方裁判所判事
- 1992 年　法務省民事局参事官
- 1996 年　東京高等裁判所判事
- 1997 年　聖心女子大学文学部教授
　　　　　弁護士登録（第一東京弁護士会所属）
- 2004 年　中央大学大学院法務研究科教授（現職）

主　著

- 『風評損害・経済的損害の法理と実務〔第 2 版〕』（民事法研究会・2012 年）
- 『警告表示・誤使用の判例と法理』（民事法研究会・2011 年）
- 『原発事故の訴訟実務──風評損害訴訟の法理』（学陽書房・2011 年）
- 『平成時代における借地・借家の判例と実務──平成の借地・借家判例の総覧』（大成出版・2011 年）
- 『高齢者を悩ませる法律問題』（判例時報社・1998 年）
- 『詳解製造物責任法』（商事法務研究会・1997 年）

本書のコピー, スキャン, デジタル化等の無断複製は著作権法上での例外を除き禁じられています。本書を代行業者等の第三者に依頼してスキャンやデジタル化することは, たとえ個人や家庭内での利用でも著作権法違反です。

I

introduction

序

判例の意義と読み方・学び方

序 判例の意義と読み方・学び方

1 判例の意義

　日常生活の場で，判例という言葉が使用されることがあるが，法律実務の現場，あるいは大学の法学部，筆者が身を置くロースクールなどの法律の勉学の場では日常的にしばしば判例という言葉が使用されている。法律実務家が使用する判例という言葉と学生が使用する判例という言葉は，その意味が同じではない。後者の使用範囲と使用の動機が前者のそれより広いと思われるのが筆者の実感であるが，いずれの場合であっても，判例の意義をどのように考えているのかは，判例の言葉を口にする個々の人ごとに同じではない。

　周知のとおり，日本は英米法系の国のような判例法主義が採用されているものではないから，判例という言葉を使用する場合であっても，英米法系の諸国の場合とは全く異なる意味で使用していることになる（筆者は，たまたまこの数年間のうちに，英米法系の国において日本の民法に関する意見書を提出したり，専門家証人として証言した経験があるが，これらの場合に，日本における判例の意義と英米法系の国における判例の意義を十分に認識させられたことがある）。日本においては，下級審の判決については，法律雑誌に掲載されているものであっても，裁判官，弁護士にとっては単なる考えるきっかけにすぎないとか，参考程度であるといった意見をもつものが多いが，このような考え方は，英米法系の国の裁判官，弁護士には全く理解されないものである。英米法系の国においては，下級審の判決であっても，判例拘束性の法理が認められ，重要な法源として取り扱われているが，このような考え方は，日本の裁判官，弁護士にはなかなか理解されないものである。

　もっとも，日本においても，判例の言葉が法律上使用されている（なお，本書は，民事法を対象としたものであるから，特段の指摘をしない限り，民事訴訟等

の民事裁判を前提として紹介し，説明する）。例えば，民事訴訟法では，上告受理の申立てに関する318条1項において，「上告をすべき裁判所が最高裁判所である場合には，最高裁判所は，原判決に最高裁判所の判例（これがない場合にあっては，大審院又は上告裁判所若しくは控訴裁判所である高等裁判所の判例）と相反する判例がある事件……」と定められ，この判例の意義，解釈が問題になることがある（なお，刑事訴訟の場合には，刑事訴訟法405条2号・3号参照）。この判例に関する規定を根拠として，日本においても判例の拘束性の法理が認められているなどという見解もあるが，法体系上，無理な見解である。また，裁判所制度の基本を定める裁判所法は，4条において，「上級審の裁判所の裁判における判断は，その事件についての下級審の裁判所を拘束する。」と定めており，判決の拘束力を限定していることに照らしても，前記の見解を採用することは困難である。

　法律実務においては，判例という言葉は，訴訟等の裁判の先例という意味で使用されることがあるし（例えば，「……という法理は判例である。」などと言う場合），また，個々の判決につき程度の差はあるものの，事実上参考になる価値をもつ意味で使用されることがあるし（例えば，「平成何年何月何日の最高裁の判例によると，この事案は……との結論になる。」などと言う場合），使用者によってはさらに多義的に使用されることもある。

　法律上も，法律実務上も，判例の用語は，多義的であるが，一応次のようにいうことができるのではなかろうか。

①　日本においては，英米法系の国のような判例法主義は採用されていないから，判例拘束性の法理は採用されていない。

②　個々の判決は，判例と呼ばれることがあっても，上級審の裁判所の裁判における判断は，その事件についての下級審の裁判所を拘束するのが原則である。

③　最高裁の判決のうち，民事裁判例集（民集）に掲載されている判決は，最高裁自身も，下級審の裁判官，弁護士等の法律実務家も，判決の対象になった事件を超える価値があるものと認識されることが通常である。もっとも，このような判決がその対象になった事件を超えて，どの範囲で尊重されるかは，個々の判決ごとに異な

る。このような判決であっても，特定の事項につき抽象的な法理を明らかにするものから，個々の事件の事実関係を重視した判断を示すものまで様々な内容のものが見られるため，個々の判決ごとに尊重される範囲が異なる。

④　最高裁の判決のうち，裁判集民事に掲載されている判決は，③の類型の判決よりも価値は低いものであり，尊重される範囲もより限定的である。

⑤　最高裁の判決のうち，③，④以外の判決は，その内容にもよるところであり，事実上参考になる価値があることは否定できないものの，その価値の内容・程度，尊重すべき範囲は慎重に検討することが必要である。

⑥　下級審の判決は，高裁の判決のうち，東京高裁の判決は，大審院を引き継いだ沿革，裁判官の配置状況等の事情から他の高裁の判決よりも実際上尊重されることが多い。

⑦　高裁の判決は，上告受理の申立ての理由として前記のとおり意義が認められることがあるものの（民事訴訟法318条1項参照），判決の対象になった個々の事件を超えて事実上参考にされることがあるにとどまるが，実際にどの程度，どの範囲で参考にされるかは，個々の判決の内容次第である。なお，高裁の判決は，最高裁で破棄されている可能性があるから，その利用に当たっては最終的な結果を確認することが必要である。また，高裁の判決が最高裁で維持されているといっても，上告理由，上告受理申立て理由が限定されていることによることが多いから，参考とされる範囲は慎重に検討することが必要である。

⑧　地裁の判決は，判決の対象になった個々の事件を超えて事実上参考にされることがあるにとどまるが，実際にどの程度，どの範囲で参考にされるかは，個々の判決の内容次第である。なお，地裁の判決は，高裁で変更，取消し，最高裁で破棄されている可能性があるから，その利用に当たっては最終的な結果を確認することが必要である。

⑨　下級審の判決の価値の認識，利用方法は，個々の裁判官，弁護士等によって異なるが，裁判官層と弁護士層との間でも相当の認識の違いがある。下級審の裁判官にとっては，他の下級審の裁判官の判決は，同僚の関係にあるから，参考にする程度は低いし，高裁の裁判官が地裁の裁判官の判決を参考にすることは期待できない。

もっとも，先輩の裁判官の判決については，先輩の裁判官の知名度，評価によって参考とされる程度は大きく異なる（裁判官が担当事件の審理において，先例として下級審の判決が引用される等し，実際に判決を読む場合には，まず，担当裁判官の名前を読むことが通常である）。弁護士にとっては，下級審の判決の利用方法は多様であり，弁護士ごとに，事案ごとに，判決の内容ごとに相当に異なるものであり，一方で事案の検討，判断のきっかけとして利用するものから，参考になる事例とか，先例として準備書面に引用するものまで様々なものが見られる。

　以上のように，最高裁，高裁，地裁の判決が判例として表現される場合には，法律実務に何らかの意味，価値があるものものとして取り扱われるわけであるが，日本では判例法主義が採用されていないから，その意味，価値を十分に検討して利用することが賢明である。
　判例といっても，前記のとおり，最高裁の判決と下級審の判決とは事実上の意義であっても相当大きな違いがあるため，これに配慮し，判例とは最高裁の判決だけを指し，下級審の判決は裁判例と呼ぶこともある。本書では，主として最高裁の判決を判例と呼ぶことを基本としている。

　ところで，判例，裁判例とか，判決といっているが，そもそも裁判は，判決のほか，決定，命令，審判といった各種の裁判がある。判決は，民事訴訟が提起された場合，当事者が申し立てた事項（請求）に対してされる裁判所の判断であるが（通常，請求を認容するとか，請求を棄却することを内容とする判決は，本案判決，終局判決と呼ばれている。民事訴訟法243条・244条），裁判例は，判決等の各種の裁判を含むものであるものの，決定，命令，審判が判例雑誌等に公表されることは少ないため，実際には判決であることが圧倒的に多いわけであるが，それらの判決の中で，判例雑誌等に掲載され，公表されたものが裁判例と呼ばれている。

2　判決の構造

　判決は，簡裁，地裁，高裁，最高裁で作成され，言い渡されるものであるが，読者諸氏が日ごろ目にするのは，判例雑誌等に編集され，掲載されている判決であるのが通常であろう。近年は，最高裁のホームページに最高裁，下級審の判決のいくつかかが公表されるようになったとはいえ，判例雑誌等に掲載されている判決は言い渡された判決のごく一部である。判例雑誌等の掲載されている判決の大半は，判決要旨，判旨事項等が記載され（判例雑誌等によってはコメントが付されていることがある），測線，下線が付されていることもあり，判決全体が読みやすいように工夫されている。判例雑誌等の判決を読み慣れていると，実際の判決を読み難いと感じられることがあるが，通常の判決には，判決要旨，コメント等が記載されていないこと，実際の判決と編集された判決とは読みやすさが異なることは覚悟しておきたい。

　ところで，これまで，判決，判決と表現してきたが，判決の内容が実際に記載されたものは，正確には判決書と呼ばれている（判例雑誌等に編集され，掲載された判決のことは判決書と呼ぶことはない）。判決の内容を理解するためには，この判決書を読むことが必要であるが，判決書自体は誰でも簡単に入手することができないため，我々は，判例雑誌等に掲載された判決を読むことになる（実際に言い渡された判決のうち，ごく一部の判決を読む機会があるだけということになる）。

　判決書にしろ，判例雑誌等の掲載された判決にしろ，これを読んで，よりよく理解するためには，判決書の構造を一応理解しておくことが無駄ではない。

　我々の目に触れる本来の判決は，判決書（民事訴訟法252条ないし255条）と呼ばれる文書であるが，従来は，B版縦書の文書であったのに対し（従来といっても，既に約20年を経過しているが，従来も，横書の判決書がなかったわけではなく，手形判決，小切手判決では一般的に横書の判決書が見られたし，通常の訴訟でも，稀に横書の判決書が見られたところである），その後，公文書全体の様式が変更されたことに伴い，A版横書の判決が普及し，一般的になっている。

　判決書の構造は，第1審の裁判所の判決書については，民事訴訟法253条

1項の規定が明らかにしているところであり，主文，事実，理由，口頭弁論の終結の日，当事者及び法定代理人，裁判所が必要的な記載事項になっている（控訴審の裁判所の判決書については，これが準用されている。民事訴訟法297条。さらに，上告審の判決書については，控訴に関する規定が準用されている。民事訴訟法313条）。

具体的な判決書を見ると，だいたい，

① 判決の言渡日
② 担当の裁判所書記官名
③ 事件番号
④ 事件名
⑤ 口頭弁論の終結日
⑥ 当事者，法定代理人，訴訟代理人
⑦ 主文
⑧ 請求
⑨ 事案の概要
⑩ 争いのない事実等
⑪ 争点
⑫ 主張
⑬ 裁判所の判断
⑭ 担当の裁判所名
⑮ 担当の裁判官名
⑯ 添付の目録，図面等

がこれらの順序で記載され，編綴されているものである。

これらの各記載事項のうち，③**事件番号**は，各裁判所ごとに，各司法年度（暦年と同じである）ごとに固有の番号が付されているものであり，1号から順次番号が付されるものであり，裁判例を引用する場合には，重要な情報である。具体的には，例えば，「東京地方裁判所平成10年（ワ）第13982号事件」のように記載するものである。このうち，（ワ）は，地方裁判所の民事訴訟事件を示す記号であり，高等裁判所の民事訴訟事件は（ネ），最高裁判所の民事訴訟事件は上告事件には（オ），上告受理申立事件には（受）が使用されている。また，裁判例を引用する場合，判決の言渡日を基準とすることがあるが，この場合には，例えば，「東京地方裁判所平成14年10月1日判決判例時報1900号100頁」とか，「東京地判平成14．10．1判時1900．100」などとして引用することが多い。

④**事件名**は，事件の種類を示すものであり，損害賠償請求事件，売買代金請求事件，所有権移転登記請求事件等の請求の内容を基準とするものであり，この記載によって事件の種類を知ることができるものの，訴訟提起の際の請求の内容を基準とするものであり（訴えが変更される等した場合であっても，当初の事件名を変更するものではない），裁判所が付けるものであるため，内容に

つき事件の全体を示すものではないし，常に正確であるともいえない。

⑥**当事者，法定代理人，訴訟代理人**は，当事者の氏名，商号，名称，住所等，これに準ずる法定代理人（例えば，親権者，成年後見人等）の名を記載するほか，訴訟代理人の名を記載するものである。訴訟代理人の名は，一般には注目されない記載事項であるが，同業者の間ではしばしば目が移る記載事項である。なお，近年は，判例雑誌等に判決が掲載される場合には，プライバシー等への配慮のためであると推測されるが，架空の氏名等が使用されることが多くなっている。

⑦**主文**は，当事者が求めた裁判に対する裁判所の結論としての判断を示す記載事項である。当事者が求める裁判は，⑧の部分において記載されるのであるが（従来は，「当事者の求めた裁判」などとして記載されることが多かったものである），⑧に対応する裁判所の結論を示しているものである。具体的には，「被告は，原告に対し金100万円を支払え。」といった請求を認容する主文，「原告の請求を棄却する。」といった請求を棄却する主文，一部認容し，一部棄却する主文のほか，仮執行宣言，訴訟費用に関する裁判を示すものである。控訴審判決，上告審判決の場合には，それぞれ原審判決（第1審判決，控訴審判決）についての判断をも明らかにするために，より複雑な内容になっている。

⑧**請求**ないし⑬**裁判所の判断**は，民事訴訟法253条1項2号，3号の事実（⑧ないし⑫），理由（⑬）に当たる記載事項である。

⑨**事案の概要**は，現在一般的に行われている「新様式の判決」において広く記載されている事項であり，原告が被告に対してどのような事案につき，どのような権利に基づき，どのような請求をしているのかを簡潔に要約して記載しているものであるが，あまり簡潔にすぎると，事案の概要も明らかではないことになり（単に事件名を紹介する程度にすぎないこともある），要約の仕方が難しいことがある。もっとも，当事者，その訴訟代理人以外の者が判決を読んで理解するためには，便利な記載である。新様式の判決は，現在，判決書の多数を占めるに至っており（新様式の判決は，それが採用されてから，約20年経過しているため，最早「新様式の判決」の名に対応しないようになっている），訴訟代理人等の法律実務家以外の者にも比較的容易に理解できる様式，内容

であるとの評価を得ているようであるが，その評価の程度は，個々の判決書ごとに分かれるところであり，判決書によっては，事案の概要も，請求の種類・性質も，争点も，主張・立証責任も，判決の結論の理由も明確ではない判決書も散見されるものである。判決書の中には，請求の内容・種類・性質が明記されておらず，争点が極めて簡単にまとめられ，当事者の主張すら明らかではなく，判決の結論を導き出した論理もないといった粗雑な判決書も見掛けたことがある。これに対し，伝統型の判決書は，基本的には，自白，請求原因，その認否，抗弁，その認否，再抗弁，その認否と，順次，当事者の主張が記載され，主張・立証責任に対応した要件事実が論理的に記載されていたものであり，要件事実の実務の学習には適した判決書であったということができる。

⑩**争いのない事実等**は，従来型の判決書では，自白部分がまとめて記載されていたが，新様式の判決書では，自白部分，証拠によって容易に認定することができる事実をまとめて，事案の内容をより具体的に記載しているものである。この部分の記載は，個々の裁判官のまとめ方によって，個々の事案ごとに相当に異なるところがあり，一読しただけで事案の内容を理解することができるものもあれば，熟読しても事案の内容の断片も理解することができないものもある。なお，新様式の判決書においては，前記のとおり，自白部分が明確にされていないものが多く，自白の拘束力が認められる範囲が明らかになっていないことが珍しくない。

⑪**争点**は，従来型の裁判書においては，請求原因，抗弁等とそれらの認否によって争点が当然に理解されるものであるとの前提に立っていたものであるのに対し，新様式の判決書においては，争点整理手続によって整理された争点をこの部分に記載している。争点の記載の仕方・内容は，新様式の判決書が試行された当初の頃には，項目だけの争点を記載するような事例もあったが，現在の多くの判決書においては，次の⑫の当事者の主張も併せて，争点を簡潔に記載する事例が増加しているため，争点の内容に相当する当事者の主張が，より理解しやすくなっているものである。争点の内容は，当事者の主張に即して正確に，かつ明瞭に記載することが重要であるが，このような争点が記載された裁判書は，一読して容易に理解することができるもので

ある。なお，争点の記載においては，本来，当事者の主張・立証責任の所在を前提とするか，あるいはそれを明記して記載することが判決書の理解を助けることになるが，現在のところ，そのような配慮をした判決書は見当たらない。

⑫**主張**は，伝統型の判決書においては，当事者の主張・立証責任の所在を前提として，請求原因，抗弁等と順次，論理的に当事者の主張を整理して記載するものであったため，比較的漏れなく当事者の主張を記載していたように思われる。これに対し，新様式の判決書においては，前記の⑪につき単なる事項を記載し，当事者の主張を全く記載しない判決書も一時期見かけたところであるが，現在は，各争点ごとに当事者の主張を要約して記載しているものの，伝統型の判決書と比較すると，主張・立証責任の所在が曖昧なままに当事者の主張を要約していること，当事者の主張の要約が簡潔すぎて当事者の不満を残すことがあること等の難点がある。

⑬**裁判所の判断**は，争点とそれに関する当事者の主張について，証拠の評価，事実の認定，要件事実への当てはめ，主張の排斥，証拠の排斥，法律の解釈，法律・法理の適用，権利・義務の発生等の判断，請求の当否の判断の過程で裁判所の判断を記載するものである。裁判所の判断は，当事者，訴訟代理人だけでなく，それ以外の者にとっても，判決書を利用する場合においては，重要な情報である。判決書は，裁判所の判断を示した文書であるから，この部分が最も重要な記載内容になるわけであるが，多くの判決書には，主として証拠の評価，事実の認定に関する判断が記載され，しかも簡単に記載されているため，実際には，法理の学習には必ずしも適していないものである。しかし，このような簡単な記載の判決書であっても，証拠の評価，事実の認定，要件事実への当てはめ等について記載しているものであるから，重要な学習の教材になる。なお，判例雑誌等に掲載された判決においては，重要な部分として下線が記載されている等，特定の部分が重要であると明示されていることが通常であるが，この部分は，コメントを付した者等がそれぞれの見解に基づき記載しているものであって，その部分が真に重要であるか，他の部分が重要でないかは必ずしも明らかではないから，判決全体をじっくりと読み，理解することが重要である。

⑭**担当の裁判所名**は，全国各地に設置された裁判所のうち，具体的に訴訟を担当した裁判体の名を記載するものであり，例えば，東京地裁の民事部には，多数の部が設置され，その中で判決の事件を担当した裁判体の名を，東京地方裁判所民事第〇部として明らかにするものである。なお，裁判体としては，地裁には，合議体と単独体があり，高裁には，合議体があり，最高裁には，小法廷，大法廷がある。

⑮**担当の裁判官名**は，⑭の裁判所において判決を担当した裁判官名を記載するものであるが，判決書原本には，その裁判官の署名，押印がされている。

　高裁の判決書は，前記のとおり，地裁の判決書に準じて作成されるが，高裁の審理が続審制をとっていること等から，第1審である地裁の判決の主張，立証，認定，判断を引用して作成されることがある（なお，高裁は，簡裁が第1審の場合には，上告審を担当することになるが，本書では，この場合の説明は一応省略している）。高裁の判決書が相当部分を地裁の判決書から引用している場合には，高裁の判決書を読んだだけでは，主張，立証の全容が全く分からず，主文に至った理由も全く分からないものがある。高裁の裁判官が地裁の判決を引用する引用の仕方・範囲は，裁判官ごとにまちまちであり，徹底的に細かく引用する判決から，一応可能な部分を大まかに引用した上，大半は重複部分を含めて事実及び理由を新たに書き加える判決があり（地裁の判決を全く引用しないで書き改める判決もある），前者の類型の判決には高裁の判決書を読むだけでは分かり難いという難点がある（地裁の判決書と併せて読まなければ事案の概要，理由の概要も分からないことがある）。高裁の判決が判例雑誌等に掲載される場合には，前者の類型の判決については，併せて地裁の判決も掲載されることがある。

　最高裁の判決書は，前記のとおり，高裁の判決書に準じて作成されるが，最高裁は，基本的には上告理由，上告受理申立理由に対する判断を示せば足りるものであり，地裁，高裁の判決書に必要な記載事項のうち，主文，理由の事項に関心が集まりがちであり，理由については当事者，その訴訟代理人以外の者にとっても注目される事項である。最高裁の判決書に記載される理由は，上告の申立て，上告受理の申立ての理由に対して最高裁の判断を示す

事項であり，その判断の内容には当事者，その訴訟代理人にとっても，それ以外の者にとっても，結論だけでなく，その法理，論理も特別の関心が寄せられている（最高裁の判決の結論に至る論理が判決理由として特に尊重される判断である）。

　最高裁の判決書の理由は，個々の判決ごとに異なるが，判例雑誌等に掲載される判決については，おおむね，上告理由，上告受理申立ての理由を摘示し（上告人，上告受理申立人の主張を簡潔にまとめたものである），原審（控訴審である高裁の判決）によって適法に確定された事実を説示した上（①事実の説示），原審の判断（②原審の判断）を簡潔に紹介し，この原審の判断の当否（③最高裁の判断）を判断するような記載がされることが多い。

　これらの記載のうち，①は，②，③の検討，判断をする前提となる事実関係を明らかにするものであり，検討，判断のために必要かつ十分な事実関係が記載されているが，一昔前の最高裁の判決と比較すると，近年の判決は，相当に詳細に記載されているという特徴がある。①の記載は，法律実務において準備書面等の書面を作成するに当たって事実関係の主張を記載する際に参考になるものである（最高裁の判決を学習の場面で利用する者にとっては，法律の議論に当たって関係する事実関係を理解するために重要な記載である）。なお，訴訟の実務においては，当事者，その訴訟代理人にとっては，高裁の事実認定，評価に大いに不満を抱くものであるが，上告審である最高裁においてはこの不満は受け容れられるものではなく，よほどのことがない限り，高裁の事実認定，評価を前提として判断されることになる。このことは，逆に，高裁の事実認定，評価に誤りがあったとしても（このような事例は少なくないのが実感である），誤った事実関係を前提として最高裁の判断がされることの受忍を余儀なくされることになる。

　②は，①を前提として，上告理由，上告受理申立て理由を判断するのに必要な範囲で，原審である高裁の判断が要約して記載されるが，この記載もまた，法理の説明，法理の根拠，法理への該当性の判断を検討したり，記載したりする場合に参考になるものである（最高裁の判決を学習の場面で利用する者にとっては，法律の議論に当たって法理の説明，法理への該当性等の議論を理解するために重要な記載である）。

③は，①を前提とし，②を踏まえて，最高裁の判断を示す記載であるが，この記載が最高裁の判決の中心であることはいうまでもない。最高裁の判断としては，大まかにいえば，②の高裁の判断をそのまま是認する場合，②の高裁の判断を是認しない場合，②の高裁の判断の示す法理，法理への該当性等では是認しないものの，結論として是認する場合に分けることができる。高裁の判断をそのまま是認する場合には，若干の説示が付加されていることがあるが（結論としては上告を棄却するものである），高裁の判断と最高裁の判断を併せて読むことによって，最高裁の判決の内容をより的確に判例として理解することができる。他方，高裁の判断を是認しない場合には，高裁の判断の全部又は一部を誤りであると特定し（このような特定は，明確に説示されている），誤った箇所につき最高裁の判断を明らかにするものであるが（結論としては高裁の判決を破棄するものである），最高裁のこの判断は，誤っている理由を示し，最高裁として妥当であると考える法理，その根拠，従来の最高裁の判決との関係等を明らかにし，その法理等を判決の対象になった事件に適用し，その結果を説示するものであり，この判断を読むことによって，最高裁の判決の内容をより的確に判例として理解することになる（否定される高裁の判断も併せて読むと，議論の内容をより深く理解することができる）。最後に，高裁の示す理由を是認しないものの，結論として是認する場合には，理由については高裁の判断を是認しないときに似ているが，結論の部分については高裁の判断を是認するときに似ているものであり（結論としては上告を棄却することになる），理由に関する判断を読むことによって，最高裁の判決の内容を判例として理解することになる。

　最高裁の判決は，最近は，前記のとおり，事実関係の説示の部分が詳細で分かりやすくなるなどの工夫がされているが，法理，その根拠等の説示の部分は，一昔の最高裁の判決と比較すると，言葉使い，論理の過程，法理の内容等の側面で格調の高さが低下している印象が否定できない（大審院の判決と比較すると，この傾向は歴然であるが，裁判官の受けた基礎教育自体が大きく異なるものであり，やむを得ないのであろう）。言葉使いの厳格さ，格調の高さ等だけでなく，法理の要件の絞り方，合理性，論理の進め方等も一昔の最高裁の判決と比較すると，事件の内容，法理設定の困難さ，法理をめぐる議論等の

様々な事情があろうが、やや緩慢になっていることは否定できないであろう。

また、最高裁の判決は、法廷意見のほか、少数意見、補足意見が付されることがあるが、少数意見は、判決の作成過程における議論を示すものとして参考になるものである。少数意見は、最高裁の判決を判例として利用したり、判例としての射程距離・適用範囲を検討する場合には、重要な情報になる。補足意見は、様々な内容のものがあり、少数意見と同様な意義をもつものから、散漫な内容のもの、さらに趣旨が不明なものまで様々であり、一部のものを除き、さほど参考になるものではない。

3 判例の読み方・学び方

最高裁の判決、下級審の判決は、以上のような内容と構造になっているが、これらの判決が法律の解釈、適用における重要な情報であることに疑問の余地はない。判決には重要な情報が満載である。我々は、実際にこれらの判決、これに含まれる重要な情報をどのように利用、活用しているのであろうか。答えは、人ごとに様々であることは間違いがないが、重要な情報が十分に活用されているとは言い難いということができよう。

判決とこれに含まれる情報は、様々な立場の者にとって、様々な利用ができる。法律実務家にとっては、自己が受任した事件を有利に展開し、有利な結果を得るために、判決を先例、参考事例として、あるいは考え方のきっかけを得るために利用することができる。法律の研究者にとっては、自己が専門とする分野の判決を批評の対象とすることによって、判例評釈を書いたり、研究の資料としたり、研究を深めるきっかけにしたりすることができる。企業の法務担当者にとっては、企業が抱える法律問題に備えるために法律情報として蓄積しておくこともできる（他の企業が巻き込まれた事件の判決として好奇心の対象になるかもしれない）。

法学部の学生、法科大学院の学生にとっては、どのように利用されているのであろうか。学生にとっては、法律の学習が一定の段階を過ぎると、法律の条文を学ぶことだけでは飽き足らなくなり、最高裁の判決を判例として取り上げ、判決の判示事項や判決要旨を覚え、時宜に応じて引用したり、法律

問題の議論に当たって権威のあるものとして議論を制するために引用したり，あるいは択一試験の対策として暗記したりしている姿は日ごろから目にするところである。しかし，これまでの様々な体験を踏まえて振り返ってみると，学生の最高裁の判決に対する学習の範囲は十分ではなく，重要な判例情報が十分に利用されているとは言い難い（若手の法律実務家にとっても，事情はさほど異ならないものであり，最高裁の判決についてみても，適切に利用されているとは言い難いし，十分に利用されているとは到底言えない）。実際に学生等が最高裁の判決を引用する等して利用する場面を見ても，判決要旨の理解にとどまるもの，判決要旨の根拠を軽視・無視しているもの，判決の法理を朧ろげながら理解しているものが多く，判決の法理の根拠を正確に理解しているもの，判決の法理の議論の概要を正確に理解しているもの，判決の前提となる事実関係を正確に理解しているもの，判決の法理がどのような事件で問題になったかを正確に理解しているものは少ないのが実情である。最高裁の判決を個別の事件で利用する場合には，判決の前提となった事実関係を正確に認識した上，議論になった法理の内容，背景を十分に理解し，その根拠，関連する議論を踏まえ，射程距離を適切に予測しながら利用することが極めて重要であるが，現在の学生等が最高裁の判決を利用する場面ではそのような利用がされていることは相当に少ないし（稀であるといってよいであろう），これでは将来最高裁の判決を適切に利用することには問題が生じかねないであろう。

　本書は，最高裁の判決，下級審の判決の有している意義を踏まえた上，前記のとおり，最高裁の判決には重要な法律情報が豊かに含まれていることを利用し，最高裁の判決を題材として法律の解釈，適用の基本的な考え方を育てようということを企図したものである。従来，最高裁の判決の読み方は，最も杜撰な方法として，判決の要旨とか，判決に下線等が引いてある部分を読んで理解したことにするものが相当に広く見られていたが，このような方法だけでは最高裁の判決の利用方法として不十分であることは明らかであるだけでなく，誤った理解をする原因になりがちでもある。最高裁の判決の重要性は，判決が前提とした事実関係にあることを十分に理解し，この事実関係の上に立った法理等の判決の内容を利用することにあるので，このことを自覚することから最高裁の判決の利用を始めることを提案したいのである。

そこで，本書は，最高裁の判決を分断し，判決が認定した事実関係を前提とし（これを【事例】の【事実関係】，【問題】として取り上げたものである），この事実関係の下，どのような内容の訴訟を提起し，何が争点になり，最高裁がその争点にどのような判断をしたかを検討し，説明することを求め（【判例の考え方】として回答することにしたものである），最高裁の判決の法理と論理をより具体的かつ正確に学ぶことを企図したものである。

本書は，最高裁の判決の読み方とか学び方を試みたいと志す読者諸氏に提案するものであるが，その他の利用，例えば，書面の記載の仕方とか，最高裁の判決をめぐる法律実務の研修としても利用したり，最高裁の考え方に慣れるためにも利用したりすることができると考えている。

本書の【事例】の【事実関係】は，筆者が後に引用する最高裁の判決に説示されている事実関係に若干の変更を加えているが，ほぼそのままを分かりやすいように記載している。

【問題】は，この【事実関係】の下，どのような法律問題があるかを具体的に提示している箇所であり，引用に係る最高裁の判決で主要な争点になった事項を中心に記載している。なお，そのほかに，訴訟の概要とか訴訟物等の検討，説明を求めているところもある。

【判例の考え方】は，【事実関係】の下，【問題】について，読者諸氏の有する判例の知識を動員して，判例（具体的には，引用に係る最高裁の判決）がどのように判示しているかを説明してもらうものである（具体的な利用方法としては，例えば，【事実関係】を読み，【問題】について，10分程度で回答を記載するような方法が考えられるし，時間がない場合には，短時間で頭の中で回答を試みるような方法が考えられる）。本書は，最高裁の判決を題材として取り上げ，前記の観点から判決の内容の理解を育てるものであり，最高裁の判決以外の考え方を否定しようとか，最高裁の判決に盲従させようとするものでは全くない。最高裁の判決以外の考え方，法理等がある場合には，そのような考え方，法理等は別途検討し，利用すればよいのであって，本書は，最高裁の判決を題材として利用し，その法理と論理を学ぶことを企図しているものである。実際にも，最近の若手の法律実務家は，最高裁の判決に無批判に従う傾向が見られると指摘されることがあるが，最高裁の判決には既に紹介したような多

くの限定，限界があるのであり，本書はむしろこのような限定，限界を明確に理解し，より適切に最高裁の判決を理解することに主眼を置いているものである。

　饒舌はこの程度にしたい。本書は，いつでも，どこでも利用しやすいように工夫したつもりのものである。

　最後に，本書は，最高裁の判決のみを取り上げたが，下級審の判決も法律の学習，法律実務の研鑽等，様々な目的のために十分に利用することができる重要な法律情報であって，特に若手の法律実務家諸氏は，下級審の判決も題材にして研鑽を積めば，法律に関する多様な知識，経験がより豊かなものになること疑いなしである。

II 事例

case study

事例 1

I 事実関係

1 X株式会社は，昭和61年12月24日，Yとの間に，Yが従来有していた納屋を解体して新たに住居を建築する工事について，工事代金を1650万円，その支払遅滞による違約金の割合を1日当たり未払額の1000分の1とする請負契約を締結した。

2 X会社は，昭和62年11月30日までに，Yに対し，本件工事を完成させて引き渡したほか，追加工事（工事代金34万4147円）も行った結果，既払分を控除した工事残代金は，合計で1184万4147円である。

3 他方，本件工事の目的物である建物には，10か所の瑕疵が存在し，その修補に要する費用は，合計132万1300円である。

4 X会社は，Yに対して本件工事の残代金の支払を請求したところ，Yは，X会社の本件請求に対し，前記瑕疵の修補に代わる損害賠償債権との同時履行の抗弁を主張し，X会社は，Yが同時履行の抗弁を主張し得るのは，公平の原則上，損害賠償額の範囲内に限られるべきであり，Yが工事残代金全額について同時履行の抗弁を主張するのは，信義則に反し，権利の濫用として許されない旨主張して争っている。

5 本件では，さらに，次のような事実も認められる。
   (1) 本件の請負契約は，住居の新築を契約の目的とするものであるところ，本件工事の10か所に及ぶ瑕疵には，①2階和室の床の中央部分が盛

り上がって水平になっておらず，障子やアルミサッシ戸の開閉が困難になっていること，②納屋の床にはコンクリートを張ることとされていたところ，X会社は，Yに無断で，この床についてコンクリートよりも強度の乏しいモルタルを用いて施工し，しかも，その塗りの厚さが不足しているため亀裂が生じていること，③設置予定とされていた差掛け小屋が設置されていないこと等が含まれ，その修補に要する費用は，①が35万8000円，②が30万8000円，③が18万2000円である（その余の費用を加えると，合計132万1300円になる）。

(2) また，Yは，昭和62年11月30日までに建物の引渡しを受けた後，前記のような瑕疵の処理についてX会社と協議を重ね，X会社から翌63年1月25日ころこの瑕疵については工事代金を減額することによって処理したいとの申出を受けた後は，瑕疵の修補に要する費用を工事残代金の約1割とみて1000万円を支払って解決することを提案し，この金額を代理人である弁護士に預けてX会社との交渉に当たらせたが，X会社は，Yのこの提案を拒否する旨回答したのみで，他に工事残代金から差し引くべき額について具体的な対案を提示せず，結局，この交渉は決裂してしまった。

(3) X会社はその後間もない同年4月15日に，本件の訴えを提起し，前記 *4* の主張をする等している。

Ⅱ 問 題

→ 以上の事実関係の下において，Yの主張の当否を検討し，理由とともに説明せよ。

Ⅲ　判例の考え方

1　請負契約において，仕事の目的物に瑕疵があり，注文者が請負人に対して瑕疵の修補に代わる損害の賠償を求めたが，契約当事者のいずれからもこの損害賠償債権と報酬債権とを相殺する旨の意思表示が行われなかった場合又はその意思表示の効果が生じないとされた場合には，民法634条2項によりこれらの両債権は同時履行の関係に立ち，契約当事者の一方は，相手方から債務の履行を受けるまでは，自己の債務の履行を拒むことができ，履行遅滞による責任も負わないものと解するのが相当である。

　しかしながら，瑕疵の程度や各契約当事者の交渉態度等にかんがみ，前記瑕疵の修補に代わる損害賠償債権をもって報酬残債権全額の支払を拒むことが信義則に反すると認められるときは，この限りではない。

　また，民法634条1項但書は「瑕疵が重要でない場合においてその修補に過分の費用を要するとき」は瑕疵の修補請求はできず損害賠償請求のみをなし得ると規定しているところ，このように瑕疵の内容が契約の目的や仕事の目的物の性質等に照らして重要でなく，かつ，その修補に要する費用が修補によって生ずる利益と比較して過分であると認められる場合においても，必ずしも前記同時履行の抗弁が肯定されるとは限らず，他の事情をも併せ考慮して，瑕疵の修補に代わる損害賠償債権をもって報酬残債権全額との同時履行を主張することが信義則に反するとして否定されることもあり得るものというべきである。

　けだし，このように解さなければ，注文者が同条1項に基づいて瑕疵の修補の請求を行った場合と均衡を失し，瑕疵ある目的物しか得られなかった注文者の保護に欠ける一方，瑕疵が軽微な場合においても報酬残債権全額について支払が受けられないとすると請負人に不公平な結果となるからである。

　なお，契約が幾つかの目的の異なる仕事を含み，瑕疵がそのうちの一部の仕事の目的物についてのみ存在する場合には，信義則上，同時履行関係は，瑕疵の存在する仕事部分に相当する報酬額についてのみ認められ，その瑕疵の内容の重要性等につき，当該仕事部分に関して，同様の検討が必

要となる。

2 これを本件についてみるに，本問の事実関係，特に*5*の(1)ないし(3)の事実を考慮すると，本件の請負契約の目的及び目的物の性質等に照らし，本件の瑕疵の内容は重要でないとまではいえず，また，その修補に過分の費用を要するともいえない上，X及びYの前記のような交渉経緯及び交渉態度をも勘案すれば，Yが瑕疵の修補に代わる損害賠償債権をもって工事残代金債権全額との同時履行を主張することが信義則に反するものとは言い難いというべきである。

Ⅳ 関連問題・参考判例・関連判例・参考文献

関連問題
→ 民法634条1項の適用上，瑕疵の重要性，費用の過分性の意義，判断基準を説明せよ。

参考判例
＊最3小判平成9・2・14民集51巻2号337頁

関連判例
＊最1小判昭和58・1・20判時1076号56頁
→ 船舶新造の請負契約において，建造された船舶の瑕疵は比較的軽微であるものの，その修補には著しく費用を要する場合，注文者は，瑕疵の修補に代えて改造工事費等を損害賠償として請求することができない。

参考文献
＊潮見佳男・リマークス16号52頁
＊滝沢聿代・判評465（判時1612）号26頁
＊住田英穂・ジュリ1122号95頁
＊森田宏樹・平成9年度重判解79頁

事例 2

I 事実関係

1 Aは，別紙預金目録（省略）記載のZ銀行に対し，同目録記載の各預金債権（以下，これらの預金債権を「本件各預金債権」といい，これらの預金を「本件各預金」という）を有していた。

2 Aは，平成3年4月30日，死亡した。Aには，子として，B，C，D，X，Yがいたが，B，C，Dはいずれも幼少の頃死亡した。

3 Yは，Xと遺産分割の協議を行っていたが，協議がまとまらず，また，当分の間，まとまるとも思えなかった。Yは，その後間もなく，別紙預金目録記載の各払戻年月日に，Z銀行から本件各預金の払戻しを受けたが，その際，本件各預金のうちXの法定相続分については，何らの受領権限もないのに，その払戻しを受けた。

II 問題

→ この事案において，Xは，誰に対してどのような請求をすることが考えられるか，その請求の相手方，内容と，相手方が主張すると予想される抗弁を説明せよ。

Ⅲ 判例の考え方

1 本問では，Xは，Aの遺産である預金債権を共同相続しているものであり，その法定相続分が侵害されている状況にあり，これを誰から，どのような請求をすることによって回復することができるかを検討することが必要である。預金債権は，金銭の支払を目的とする債権であり，分割債権であるから，Aの死亡によって，当然に法定相続分に応じてXに承継されているものである。本問では，Aの相続人は，XとYであり，各2分の1の割合で法定相続するものである。

Xが前記の観点から請求をするに当たっては，その相手方として，Yのほか，Z銀行が考えられるところであるから，双方に対する請求を検討することが必要である。

2 Yに対する請求としては，Yは，本来自己の権利ではないし，受領権限もないのに，Xの法定相続分の預金債権についてZ銀行から払戻しを受けたものであるから，不法行為に基づき法定相続分に相当する預金相当の損害につき損害賠償を請求することと不当利得の返還請求をすることが考えられる。

Yの主張することができる抗弁については，まず，不法行為が主張された場合には，遺産分割の協議もととのっておらず，また，受領権限が付与されたものでもないから，特段の主張をすることは考えられない。他方，不当利得が主張された場合には，同様にYの預金の払戻しを受ける権限がないものであり，特段の抗弁は考えられないものである。もっとも，Yとしては，Z銀行は，Xの法定相続分の預金の払戻しについて過失があるから，前記払戻しは民法478条の弁済として有効であるとはいえず，したがって，XがZ銀行に対してX法定相続分の預金債権を有していることに変わりはないから，Xには不当利得返還請求権の成立要件である「損失」が発生していないなどと主張することが可能であるが，(1)Yは，Z銀行からXの法定相続分の預金について自ら受領権限があるものとして払戻しを受けておきながら，Xから提起された本件訴訟において，一転して，Z銀

行に過失があるとして，自らが受けた前記払戻しが無効であるなどと主張するに至ったものであること，(2)仮に，Yが，Z銀行がした前記払戻しの民法478条の弁済としての有効性を争って，Xの本訴請求の棄却を求めることができるとすると，Xは，Z銀行が前記払戻しをするに当たり善意無過失であったか否かという，自らが関与していない問題についての判断をした上で訴訟の相手方を選択しなければならないということになるが，何ら非のないXがYとの関係でこのような訴訟上の負担を受忍しなければならない理由はないことなどの諸点にかんがみると，Yが前記のような主張をしてXの本訴請求を争うことは，信義誠実の原則に反し許されないものというべきである。

3 Z銀行に対する請求としては，Yに対するXの法定相続分の払戻しが無効であることを前提とし，預金契約（金銭消費寄託契約）による預金の払戻しを請求することができる。この場合，Z銀行は，Yの受領権限，遺産分割の成立を主張することができないのは前記のとおりであるが，民法478条所定の債権の準占有者に対する弁済の主張を抗弁として主張することが考えられる。

また，Xは，預金契約の不履行，あるいは不法行為に基づく損害賠償を請求することも可能であり，この場合も，Z銀行としては，前記の債権の準占有者に対する弁済，過失の不存在を抗弁として主張することが考えられる。

IV 関連問題・参考判例・関連判例・参考文献

関連問題

→ 不当利得の要件を明らかにし，各要件をめぐる議論を説明せよ。

参考判例

＊最3小判平成16・10・26判時1881号64頁

> **関連判例**

＊最2小判平成23・2・18判時2109号50頁
→ 簡易生命保険契約の保険金受取人に無断で保険金及び保険契約者配当金が支払われた場合において，当該支払が有効な弁済に当たらず，保険金受取人が依然として保険金及び保険契約者配当金の支払請求権を有しているときであったとしても，保険金受取人に代わって当該支払を受けた者又は過失により当該支払手続を進めた者が，保険金受取人に損害が発生したことを否認して不法行為に基づく損害賠償請求を争うことは，信義誠実の原則に反し許されない。

＊最1小判平成19・3・8民集61巻2号479頁
→ 法律上の原因なく代替性のある物を利得した受益者は，利得した物を第三者に売却処分した場合には，損失者に対し，原則として，売却代金相当額の金員の不当利得返還義務を負う。

＊最3小判平成3・11・19民集45巻8号1209頁
→ 利益の現存しないことは，不当利得返還請求権の消滅を主張する者が主張立証責任を負い，善意の利得者が利得に法律上の原因がないことを認識した後の利益の消滅は，返還義務の範囲を減少させる理由に当たらない。

＊最2小判平成17・7・11判時1911号97頁
→ 銀行が共同相続財産である預金債権につき共同相続人の1人に対して全額を払い戻した場合，他の共同相続人は預金債権のうちその法定相続分に相当する部分を失わないから，銀行はこの分に相当する金員の「損失」を被ったことになる。

＊最3小判平成10・5・26民集52巻4号985頁（⇨事例6）
→ 第三者の強迫により甲が乙から金銭を借りて，貸付金を丙に給付する契約をした後，甲が強迫に基づきこの契約を取り消し，乙が不当利得返還請求をした場合，甲は，特段の事情のない限り，乙の丙に対する給付によりその額に相当する利得を受けたものである。

> **参考文献**

＊角田美穂子・法セミ603号120頁
＊和根埼直樹・平成17年度主民解70頁
＊岡孝・リマークス32号6頁
＊藤原正則・民商132巻1号112頁

事例 3

I　事実関係

1　X有限会社は，中古自動車の販売及び輸出入等を業とする有限会社であり，Y株式会社は，自動車の販売及び修理並びに輸出入等を業とする株式会社である。

2　Y会社は，平成15年7月15日ころ，中古自動車である別紙自動車目録（省略）記載の自動車（ただし，当時は自動車登録がされていなかった。以下「本件自動車」という）を取得し，同年8月11日，自動車登録番号を「名古屋800・・・」，所有者をY会社とする新規登録（以下「本件新規登録」という）を受けた上，同月29日，A株式会社により開催された自動車オークションに，次のとおり表示してこれを出品した。

自動車登録番号	名古屋800・・・
車名	シボレー（アストロ　ローライダー）
初年度登録	平成9年12月
年式	1998年式
車台番号	神［42］・・・・
シリアル番号	1GN・・・・
走行距離	2万7430マイル
セールスポイント	新車並行

なお，「新車並行」とは，我が国に輸入された時点で新車であり，我が国の正規ディーラーを介さずに直接輸入された自動車であることを意味する。

3 X会社は，平成15年8月29日，前記*2*の表示を信じて，Y会社から本件自動車を代金169万2600円で買い受けて（以下，この契約を「本件売買契約」という），その引渡しを受け，同年9月26日，Bに対し，これを転売し，引き渡した。そして，本件自動車について，同日，自動車登録番号を「八王子830・・・」，所有者をC株式会社，使用者をBとする移転登録がされた。

4 ところが，本件自動車は，2台の異なる自動車，すなわち，車台番号「神［42］・・・」，シリアル番号「1GN・・・」とされる1998年式シボレー（以下「第1自動車」という）と，車台番号「愛［51］・・・」，シリアル番号「1GND・・・」とされる1996年式シボレー（以下「第2自動車」という）の各車台を接合したものであり，その車台のうちリアゲート支柱付近の部分は第1自動車のものであるが，それ以外の部分は第2自動車のものであり，フレーム側面中央には第2自動車の車台番号が打刻され，右前ドア裏面には第2自動車のシリアル番号が記載されたステッカーが貼付されていた。第2自動車は，我が国に輸入された時点で既に中古車であり，平成13年2月に自動車登録番号を「名古屋800・・・」，所有者をD株式会社，使用者をEとする新規登録がされ，自動車検査証の有効期間の満了日は平成15年2月1日であったものの，いまだ抹消登録はされていない。本件自動車は，時期は不明であるが，何者かが，第1自動車の車台からその車台番号が打刻されているリアゲート支柱付近部分のみを解体して第2自動車の車台に接合するとともに，第2自動車の本来の車台番号を黒色塗装して覆い隠すなどして，第2自動車をあたかも第1自動車であるかのように偽装したものであった。本件自動車については，Y会社の申請により新規登録がされたが，それは，愛知運輸支局において，前記車台の接合等の事実に気付かず，本件自動車が第1自動車であるとしてされたものであった。

5 平成16年9月ころ，Bが本件自動車の修理を修理業者に依頼したところ，本件自動車が前記のように車台の接合等がされた自動車（以下「接合

自動車」という）であり，その性状が前記 *2* の本件売買契約における表示とは異なるものであったことが判明した。X会社は，同年12月ころ，Bからの要求を受けて本件自動車を買い戻した上，オークションを開催したA会社に対しクレームを申し立て，同社を介してY会社と本件売買契約の解除の交渉をしたが，Y会社はこれに応じなかった。

6 本件は，X会社がY会社に対し，本件売買契約が錯誤により無効であるとして，本件自動車の売買代金の返還等を求め，これに対して，Y会社が，本件自動車についてのX会社からY会社への移転登録請求権及び引渡請求権をX会社に対して有するとして，これに基づき，Y会社がX会社から本件自動車の移転登録手続を受け，かつ，その引渡しを受けることとの引換給付を求める旨の同時履行の抗弁を主張する事案である。

7 控訴審判決は，次のように判示した。
「本件自動車は接合自動車であったのであるから，本件売買契約は，目的物である本件自動車の性状に錯誤があったものとして無効であり，Yは，Xに対し，不当利得として売買代金相当額169万2600円を返還すべき義務を負うとした上，Xの売買代金返還請求権は売買契約が無効になって生じたものであるから，本件自動車についての移転登録手続及び引渡しと履行上の牽連関係が認められるとして，民法533条を類推適用し，Yに対し，Xから本件自動車につき移転登録手続を受け，かつ，その引渡しを受けるのと引換えに，169万2600円を支払うことを求める限度で，Xの請求を認容すべきである。」

II 問題

→ 以上の事実関係において，本件訴訟の主要な争点を取り上げ，説明せよ。

Ⅲ　判例の考え方

1　本問の事実関係に照らすと，本件訴訟においては，本件自動車の売買契約が錯誤によって無効であると認められるところであり，ＸとＹは，それぞれ原状回復義務を負うものであり，これらの各義務は同時履行の関係にあることは明らかである。

　Ｘの売買代金の返還請求については，本件自動車の引渡義務が同時履行の関係にあるということができるが，本件自動車の移転登録手続との同時履行の関係にあるかどうかには疑問があり，これが主要な争点であると考えられる。

2　ところで，道路運送車両法は，自動車をその車台に打刻された車台番号によって特定した上，その自動車の自動車登録ファイルへの登録をするものとしており，1台の自動車につき複数の車台番号が存在したり，複数の自動車登録がされるということを予定していない。本問の事実関係によれば，本件自動車については，車台の接合等がされたことにより，その車台に２つの車台番号が打刻されているというのであるから，そのいずれの車台番号が真正なものであるかを確定することができない以上，1台の自動車に複数の車台番号が存在するという状態（以下「複数車台番号状態」という）となっているものであり，少なくともその状態のままでは新規登録や移転登録をすることは許されないものと解される。

　したがって，仮にＹが本件売買契約に基づいて移転された登録名義を回復するために，Ｘに対してＹの主張するような移転登録請求権を有するとしても，ＸがＹからの移転登録請求に応じるためには，本件自動車について移転登録が可能なように複数車台番号状態を解消する必要があるが，それが容易に行い得るものであることをうかがわせる資料はなく，本件自動車の車台の状態等からすると，ＸからＹへの移転登録手続は，仮に可能であるとしても，困難を伴うものといわざるを得ない。

　そして，本問の事実関係によれば，Ｙは，本来新規登録のできない本件自動車について本件新規登録を受けた上でこれを自動車オークションに出

品し，Xは，その自動車オークションにおいて，Yにより表示された本件新規登録に係る事項等を信じて，本件自動車を買受けたというのであるから，本件自動車が接合自動車であるために本件売買契約が錯誤により無効となるという事態も，登録名義の回復のためのXからYへの移転登録手続に困難が伴うという事態も，いずれもYの行為に基因して生じたものというべきである。

　そうすると，本件自動車が，Yが取得した時点で既に接合自動車であり，Yが本件新規登録を申請したことや，本件自動車を自動車オークションに出品したことについて，Yに責められるべき点がなかったとしても，本件自動車が接合自動車であることによる本件売買契約の錯誤無効を原因とする売買代金返還請求について，複数車台番号状態であるために困難を伴う本件自動車の移転登録手続との同時履行関係を認めることは，XとYとの間の公平を欠くものといわざるを得ない。

3　したがって，仮にYがXに対し本件自動車についてXからYへの移転登録請求権を有するとしても，Xからの売買代金返還請求に対し，同時履行の抗弁を主張して，YがXから本件自動車についての移転登録手続を受けることとの引換給付を求めることは，信義則上許されないというべきである。

Ⅳ　関連問題・参考判例・関連判例・参考文献

関連問題

→ 同時履行の抗弁権について，存在の効果，行使の効果を説明せよ。

参考判例

＊最2小判平成21・7・17判時2056号61頁

関連判例

＊最 3 小判昭和 57・1・19 判時 1032 号 55 頁
→ 債務の弁済とその債務担保のために経由された抵当権設定登記の抹消登記手続については，前者が後者に対し先履行の関係にあり，同時履行の関係に立つものではない。

＊最 3 小判平成 9・2・14 民集 51 巻 2 号 337 頁（⇨事例 1）
→ 請負契約の目的物に瑕疵がある場合，信義則に反するときを除き，注文者は，請負人から瑕疵の修補に代わる損害の賠償を受けるまでは，報酬全額の支払を拒むことができ，これにつき履行遅滞の責任を負わない。

＊最 3 小判平成 9・7・15 民集 51 巻 6 号 2581 頁（⇨事例 26）
→ 請負人の報酬債権に対し注文者がこれと同時履行の関係にある瑕疵修補に代わる損害賠償債権を自働債権とする相殺の意思表示をした場合には，注文者は，相殺後の報酬残債務につき，相殺の意思表示をした日の翌日から履行遅滞の責任を負う。

参考文献

＊松井和彦・民商 141 巻 4 = 5 号 108 頁
＊横山美夏・リマークス 41 号 10 頁
＊安福達也・平成 21 年度主民解 78 頁

事例 4

I 事実関係および問題

　生命保険契約の約款において、保険契約者は保険会社から解約返戻金の9割の範囲内の金額の貸付けを受けることができ、保険金又は解約返戻金の支払の際にこの貸付金の元利金が差し引かれる旨の定めがある場合、契約者の代理人と称する者が生命保険会社からこの契約者貸付制度に基づいて貸付けを受けたときに生じ得る主要な法律問題を指摘し、妥当な見解を説明せよ。ただし、表見代理の成否につき論ずる必要はない。

II　判例の考え方

1　本問の事実関係においては，保険会社から契約者の代理人と称する者が貸付けを受けたというものであるから，契約者が貸付けを否認し，貸金の返済義務を否定するものであるのに対し，他方，保険会社が貸付けの有効性を主張しているものと考えられるところ，民法478条の規定の類推適用が問題になり得るものと考えられる。

2　本問においては，本件生命保険契約の約款に，保険契約者が保険会社から解約返戻金の9割の範囲内の金額の貸付けを受けることができ，保険金又は解約返戻金の支払の際に当該貸付金の元利金が差し引かれる旨の定めがあり，問題の貸付けは，このような契約者貸付制度に基づいて行われたものである。このような貸付けは，約款上の義務の履行として行われる上，貸付金額が解約返戻金の範囲内に限定され，保険金等の支払の際に元利金が差引計算されることにかんがみれば，その経済的実質において，保険金又は解約返戻金の前払と同視することができる。

3　保険会社が，前記のような制度に基づいて保険契約者の代理人と称する者の申込みによる貸付けを実行した場合においては，この者を保険契約者の代理人と認定するにつき相当の注意義務を尽くしたときは，保険会社は，債権の準占有者に対する弁済に関する民法478条の規定の類推適用により，保険契約者に対し，前記貸付けの効力を主張することができるものと解するのが相当である。

III　関連問題・参考判例・関連判例・参考文献

関連問題

→ 民法478条の類推適用が認められる理由は何かを説明せよ。

参考判例

＊最 1 小判平成 9・4・24 民集 51 巻 4 号 1991 頁

関連判例

＊最 3 小判昭和 37・8・21 民集 16 巻 9 号 1809 頁
→ 債権者の代理人と称して債権を行使する者も，民法 478 条所定の債権の準占有者に当たる。

＊最 1 小判昭和 59・2・23 民集 38 巻 3 号 445 頁
→ 金融機関が，預金者の債権を受働債権として相殺する契約をし，預金者ではない第三者に対してその第三者を預金者本人と誤信して金銭貸付けを行い，同貸付債権を自働債権とし，同預金債権を受働債権として相殺をした場合，民法 478 条の類推適用が認められ，善意・無過失は，貸付けの時に存在すれば足りる。

＊最 3 小判平成 15・4・8 民集 57 巻 4 号 337 頁（⇨事例 30）
→ 現金自動入出機による預金の払戻しについても民法 478 条が適用され，銀行が，真正な預金通帳が使用され，入力された暗証番号が届出暗証番号と一致することを機械的に確認した場合であっても，無権限者が現金自動入出機から預金の払戻しを受けたことについて過失がある。

参考文献

＊幡野弘樹・法協 117 巻 3 号 138 頁
＊中舎寛樹・リマークス 17 号 34 頁
＊池田真朗・判評 468（判時 1621）号 31 頁
＊影浦直人・平成 9 年度主民解 64 頁
＊高橋眞・金法 1524 号 76 頁
＊千葉恵美子・平成 9 年度重判解 71 頁

事例 5

I 事実関係

1 A株式会社の代表者はBである。Yは，A会社の従業員である。

2 Xは，平成7年12月，A会社との間で次の内容による立替払契約を締結した。
ア Xは，A会社がC株式会社から購入する機械の代金300万円をC会社に立替払する。
イ A会社は，Xに対し，立替金300万円，手数料78万333円の合計378万333円を，平成8年1月27日限り6万3333円，同年2月から平成12年12月まで毎月27日限り6万3000円ずつに分割して支払う。
ウ A会社が一度でも分割金の支払を遅滞したときは期限の利益を失う。

3 Yは，平成7年12月，Xに対し，本件立替払契約に基づきA会社が負担する債務につき連帯保証した。

4 Xは，平成8年1月，C会社に300万円を立替払した。

5 A会社は，平成8年2月27日までに支払うべき分割金の支払を怠り，期限の利益を喪失した。

6 A会社は，本件立替契約の締結に先立って別会社から本件機械と同種の機械を取得し，平成7年11月には同機械は既に納入されていた。Bは，同年10月ころ，営業資金を捻出するため，実際には本件機械の売買契約

がないのに本件機械を購入する形をとった空クレジットを計画し，本件立替払契約を締結した上，C会社との間で，Xから支払われた代金名下の金員をC会社が受領し，振込手数料等を控除した残金をA会社に交付することを合意した。Yは，Bの依頼により，同年12月，本件保証契約を締結したが，その際，本件立替払契約における本件機械の売買契約が存在しないことを知らなかった。

7 本件立替払契約と本件保証契約は，同一書面を用いて締結されており，本件契約書には，販売店であるC会社，商品である本件機械，商品購入代金額が表示されている。また，本件立替払契約には，本件機械の所有権はC会社からXに移転し，Xに対する債務が完済されるまで所有権が留保される旨の特約と，A会社が支払を遅滞し，Xから要求されたときは，直ちに本件機械をXに引き渡し，Xが客観的にみて相当な価格をもって本件立替払契約に基づく債務及び商品等の引取り，保管，査定，換価に要する費用の弁済に充当することができる旨の特約がある。

8 Xは，Yに対して，保証債務の履行を請求する訴訟を提起した。

II 問題

→ 以上の事実関係を読み，法律上何が抗弁として問題になるかを説明せよ。

Ⅲ 判例の考え方

　本問文におけるXとAとの間の立替払契約は，CからAへの商品の引渡しを伴わない，いわゆる空クレジット契約であり，Yは，これを知らなかったものであるから，Yは，要素の錯誤による保証契約が無効であると主張することが考えられる。

　保証契約について特定の主債務がいかなるものであるかは，保証契約の重要な内容である。主債務が，商品を購入する者がその代金の立替払を依頼し，その立替金を分割して支払う立替払契約上の債務である場合には，商品の売買契約の成立が立替払契約の前提となるから，商品売買契約の成否は，原則として，保証契約の重要な内容であると解するのが相当である。

　これを本件についてみると，本件の保証契約が商品の売買代金の立替払契約を保証するものであること，本件の立替払契約がいわゆる空クレジット契約であり，機械の売買契約が存在しないこと，Yが保証契約を締結した際，そのことを知らなかったことから，法律行為の要素に錯誤があったというべきである。

Ⅳ 関連問題・参考判例・関連判例・参考文献

関連問題
→ 要素の錯誤の主張に対する再抗弁として何が主張できるかを説明せよ。

参考判例
＊最1小判平成14・7・11判時1805号56頁

関連判例
＊最3小判平成8・6・18判時1577号87頁
→ 賃貸人が敷金返還請求権に対する質権設定を承諾するに当たり，特約について異議をとどめて承諾をするつもりであったが，その承諾書を持参した者が特約の記載されていない旧契約書を質権者に交付したため，異議をとどめない承諾がされる結果となった場合，この承諾については，賃貸人の認識と質権者に対する表示との間

で質権の目的である敷金返還請求権に特約が付されていたか否かの点に関して不一致があったものであり，賃貸人に錯誤があったものである。

***最 1 小判平成 5・12・16 判時 1489 号 114 頁**
→ 遺言の存在を知っていたことが遺産分割協議の結果には影響を与えなかったと判断した原判決には，民法 95 条の解釈適用を誤った違法がある。

参考文献
*尾島茂樹・平成 14 年度重判解 61 頁
*高嶌英弘・法教 305 号 94 頁
*新堂明子・消費者百選 48 頁
*宮本健蔵・判評 535（判時 1824）号 10 頁
*大西武士・判タ 1123 号 55 頁
*伊東譲二・平成 15 年度主民解 24 頁
*松本恒雄・金法 1684 号 45 頁

＊＊事例 6＊＊

I 事実関係

1 Yは，平成3年3月15日，Aから強迫を受けて，X株式会社との間に，YがX会社から3500万円を弁済期日同年6月15日，利息年3割6分の割合等の約定により借り受ける旨の本件消費貸借契約を締結した。この際，Yは，Aの指示に従って，X会社に対し，貸付金は，Yとの間で何らの関係のないB株式会社の当座預金口座に振り込むよう指示し，X会社は，これに応じて，利息等を控除した残金3033万7000円を，前記口座に振り込んだ。Aは，前記口座から払戻しを受けた。

2 Yは，平成6年2月24日，X会社に対し，Aの強迫を理由に本件消費貸借契約を取り消す旨の意思表示をした。

3 X会社は，Yは本件消費貸借契約に基づき給付された金員につき悪意の受益者に当たるとして，民法704条に基づき，X会社がB会社の当座預金口座に振り込んだ金員のうち2941万7917円及びこれに対するYが悪意となった日の後である平成3年6月16日から支払済みまで年1割5分の割合による利息の支払を請求した。

II 問題

→ 以上の内容の本件訴訟における重要な争点を紹介し，どのように考えるべきであるかを，請求の当否とともに説明せよ。なお，利息制限法の利息制限は遵守しているものであるし，本問の争点には無関係である。

Ⅲ 判例の考え方

1 本問では，Xの請求の内容に照らすと，既払金につき不当利得の返還を請求しているものであり，不当利得の要件が問題になるところ，特に本問の事実関係においては実際に金員を受け取ったのがAであるため，被告とされたYの利得の有無が重要な争点になったものと考えられる。

2 一般的に，消費貸借契約の借主甲が貸主乙に対して貸付金を第三者丙に給付するよう求め，乙がこれに従って丙に対して給付を行った後甲が前記契約を取り消した場合，乙からの不当利得返還請求に関しては，甲は，特段の事情のない限り，乙の丙に対する前記給付により，その価額に相当する利益を受けたものとみるのが相当である。

けだし，そのような場合に，乙の給付による利益は直接には前記給付を受けた丙に発生し，甲は外見上は利益を受けないようにも見えるけれども，前記給付により自分の丙に対する債務が弁済されるなど丙との関係に応じて利益を受け得るのであり，甲と丙との間には事前に何らかの法律上又は事実上の関係が存在するのが通常だからである。

また，その場合，甲を信頼しその求めに応じた乙は必ずしも常に甲丙間の事情の詳細に通じているわけではないので，このような乙に甲丙間の関係の内容及び乙の給付により甲の受けた利益につき主張立証を求めることは乙に困難を強いるのみならず，甲が乙から給付を受けた上で更にこれを丙に給付したことが明らかな場合と比較したとき，両者の取扱いを異にすることは衡平に反するものと思われるからである。

3 しかしながら，本問の場合，本問の事実関係によれば，YとBとの間には事前に何らの法律上又は事実上の関係はなく，Yは，Aの強迫を受けて，ただ指示されるままに本件消費貸借契約を締結させられた上，貸付金をBの口座へ振り込むようXに指示したというのであるから，先にいう特段の事情があった場合に該当することは明らかであって，Yは，前記振込みによって，何らの利益を受けなかったというべきである。

4 したがって，本件においては，Yの指示に基づきXがBに対して貸付金の振込みをしたことによりYがこれを利得したとして，Xの不当利得返還請求を認容すべきものとすることは誤りである。

Ⅳ 関連問題・参考判例・関連判例・参考文献

関連問題
→ 民法703条所定の「他人の財産……によって」の意義を説明せよ。

参考判例
＊最3小判平成10・5・26民集52巻4号985頁

関連判例
＊最3小判昭和32・4・16民集11巻4号638頁
→ 民法第703条の「他人の財産」とは，既に現実に他人の財産に帰属しているものだけではなく，当然他人の財産としてその者に帰属すべきものを含む。

＊最3小判平成3・11・19民集45巻8号1209頁
→ 利益の現存しないことは，不当利得返還請求権の消滅を主張する者が主張立証責任を負い，善意の利得者が利得に法律上の原因がないことを認識した後の利益の消滅は，返還義務の範囲を減少させる理由に当たらない。

参考文献
＊山下純司・法協117巻10号159頁
＊平田健治・平成10年度重判解77頁
＊島岡大雄・平成10年度主民解96頁

事例 7

I 事実関係

1 Aは，別紙物件目録（省略）記載の各物件（以下「本件各物件」という。なお，上記各物件は，同目録記載の番号に従い「物件㈠」のようにいう）を所有していたが，遅くとも昭和58年11月には，脳循環障害のために意思能力を喪失した状態に陥った。

2 昭和60年1月21日から同61年4月19日までの間に，Y_1信用保証協会は物件㈠ないし㈢について別紙登記目録（省略）記載の㈠の各登記（以下「登記㈠」という。なお，同目録記載の他の登記についても，同目録記載の番号に従い上記と同様にいう）を，Y_2銀行は物件㈠ないし㈢について各登記㈡を，Y_3は物件㈠ないし㈢について各登記㈢，物件㈢について登記㈣，物件㈣について登記㈤を，Y_4株式会社は物件㈠について登記㈥，物件㈡について登記㈦，物件㈢について登記㈧及び登記㈨をそれぞれ経由した。しかし，上記各登記は，同60年1月11日から同61年4月19日までの間に，Aの長男であるBがAの意思に基づくことなくその代理人としてY_1らとの間で締結した根抵当権設定契約等に基づくものであった。

3 Bは，昭和61年4月19日，Aの意思に基づくことなくその代理人として，Y_4会社との間で，AがC有限会社のY_4会社に対する商品売買取引等に関する債務を連帯保証する旨の契約を締結した。

4 Bは，昭和61年9月1日，死亡し，その相続人である妻のD及び子の

X₁，X₂は，限定承認をした。

5 Aは，昭和62年5月21日，E家庭裁判所において禁治産者とする審判を受け，同審判は，同年6月9日，確定した。

そして，Aは，同人の後見人に就職したDが法定代理人となって，同年7月7日，Y₁らに対する本件各登記の抹消登記手続を求める本訴を提起したが，同事件について第1審において審理中の同63年10月4日，Aが死亡し，X₁，X₂が代襲相続により，本件各物件を取得するとともに，訴訟を承継した。

6 本件訴訟の審理においては，Y₁らの主張する表見代理は証拠上認められないことが明らかであった。

II 問　題

→ 以上の事実関係の下において，本件訴訟において最も重要な争点になった法律問題について，どのように考えるのが相当であるか，その法律問題の概要とともに説明せよ（なお，本問の検討の時点は，平成2年1月1日現在とする）。

Ⅲ 判例の考え方

1 本問の事実関係によると，Aの子であるBが代理権を有することなく，Aの代理人としてA所有の不動産に抵当権を設定する等の契約を締結したところ，Aの法定代理人であるDがY₁らに対して無権代理によって締結された契約が無効であると主張して本件各登記の抹消登記手続を請求する訴訟を提起したものであり，その後，Bの子であるX₁，X₂がAを代襲相続し，本件各物件の所有権を取得するとともに，上記訴訟を承継したものである。本問では，無権代理人の地位を相続によって承継した者が後に本人の地位を相続によって承継したものであり，追認拒絶の可否が問題になるところ，その関係で上記訴訟の提起によって本人が追認を拒絶したものと認められるかどうかが問題になるものであり，これが本問の最も重要な争点であるということができる。

2 本人が無権代理行為の追認を拒絶した場合には，その後に無権代理人が本人を相続したとしても，無権代理行為が有効になるものではないと解するのが相当である（判例）。けだし，無権代理人がした行為は，本人がその追認をしなければ本人に対してその効力を生ぜず（民法113条1項），本人が追認を拒絶すれば無権代理行為の効力が本人に及ばないことが確定し，追認拒絶の後は本人であっても追認によって無権代理行為を有効とすることができず，この追認拒絶の後に無権代理人が本人を相続したとしても，この追認拒絶の効果に何ら影響を及ぼすものではないからである（判例）。

このように解すると，本人が追認拒絶をした後に無権代理人が本人を相続した場合と本人が追認拒絶をする前に無権代理人が本人を相続した場合とで法律効果に相違が生ずることになるが，本人の追認拒絶の有無によってこのような相違を生ずることはやむを得ないところであり，相続した無権代理人が本人の追認拒絶の効果を主張することがそれ自体信義則に反するものであるということはできない（判例）。

3 これを本件についてみると，Aは，Dを法定代理人としてY₁らに対し本件各登記の抹消登記手続を求める本訴を提起したものであるから，Bの無権代理行為について追認を拒絶したものというべきであり，これにより，Bがした無権代理行為はAに対し効力を生じないことに確定したといわなければならない。そうすると，その後にX₁，X₂がAを相続したからといって，既にAがした追認拒絶の効果に影響はないというべきであり，Bによる本件無権代理行為が当然に有効になるものではない。そして，本問の事実関係の下においては，その他にX₁，X₂がこの追認拒絶の効果を主張することが信義則に反すると解すべき事情があることはうかがわれない。

したがって，上記追認拒絶によってBの無権代理行為が本人であるAに対し効力を生じないことが確定した以上，X₁，X₂がB及びAを相続したことによって本人が自ら法律行為をしたのと同様の法律上の地位を生じたと解することはできない。

Ⅳ 関連問題・参考判例・関連判例・参考文献

関連問題
→ 無権代理行為を追認しようとする場合，その方法と相手方，要件を説明せよ。

参考判例
＊最2小判平成10・7・17民集52巻5号1296頁

関連判例
＊最2小判昭和37・4・20民集16巻4号955頁
→ 相続人である本人が被相続人の無権代理行為の追認を拒絶しても何ら信義則に反せず，被相続人の無権代理行為は本人の相続により当然には有効とならない。

＊最2小判昭和40・6・18民集19巻4号986頁
→ 無権代理人が本人を相続した場合，本人が自ら法律行為をしたのと同様の法律上の地位が生じる。

7

*最3小判昭和41・4・26民集20巻4号826頁
→ 代理権が与えられていないのに，代理人として他人所有の不動産を売却した者が，本人からその不動産の譲渡を受けた場合において，相手方が民法117条により履行を選択したときは，売買契約が無権代理人と相手方の間に生じたのと同様の効果が生ずる。

*最2小判昭和47・2・18民集26巻1号46頁
→ 未成年者の後見人が，後見人に就職する以前に，後見人と称して未成年者所有の不動産を売却した場合には，後見人に就職した後，無権代理行為の追認を拒絶することは，信義則上許されない。

*最3小判昭和63・3・1判時1312号92頁
→ 無権代理人を本人と共に相続した者がその後更に本人を相続した場合には，相続人が本人の資格で無権代理行為の追認を拒絶する余地はなく，本人が自ら法律行為をしたものと同様の法律上の地位ないし効果が生ずる。

*最1小判平成5・1・21民集47巻1号265頁
→ 無権代理人が本人を他の共同相続人と共に共同相続した場合には，共同相続人全員が共同して追認しない限り，無権代理行為は有効とならない。

参考文献

*山本敬三・リマークス19号10頁
*右近健男・判評484（判時1670）号23頁
*磯村保・平成10年度重判解56頁
*佐久間毅・民法百選Ⅰ〔5版補正版〕84頁

事例 8

I 事実関係

1 Y株式会社は，昭和62年12月9日にA有限会社から，同会社のB株式会社に対する(1)弁済期を同月26日とする売掛代金債権909万2220円及び(2)弁済期を昭和63年1月31日とする売掛代金債権274万5340円の合計1183万7560円の債権（以下，(1)の債権を「売掛代金債権(1)」といい，(1)(2)の債権を併せて「本件売掛代金債権」という）を譲り受けたと主張している。

2 A会社は，本件売掛代金債権を有していたところ，これには譲渡禁止特約が付されており，Y会社は，昭和62年12月9日当時，本件売掛代金債権に譲渡禁止特約が付されていたことを知っていたか，そうでないとしても，前記特約の存在を知らないことにつき重大な過失があった。

3 A会社は，同月10日，B会社に対し，本件売掛代金債権をY会社に譲渡した旨の債権譲渡の通知をし，同日，通知が到達した。

4 X_1社会保険事務所長は，同月11日，本件売掛代金債権に対して滞納処分による差押えをした。

5 C株式会社の申立てにより，同月21日，本件売掛代金債権に対する仮差押えの執行がされた。

6 X_2税務署長は，同月22日，売掛代金債権(1)に対して滞納処分による

差押えをした。

7　Y会社の申立てにより，昭和63年1月11日，A会社を債務者として本件売掛代金債権に対する差押えがされた。

8　B会社は，同月29日，本件売掛代金債権につき，真の債権者を確知することができず，かつ，滞納処分による差押えと強制執行による差押え等が競合したことを理由として，民法494条及び滞納処分と強制執行等との手続の調整に関する法律20条の6第1項を根拠法条とするいわゆる混合供託をした。B会社は，その際，A会社からY会社への本件売掛代金債権の譲渡を承諾した。

Ⅱ　問　題

→ 以上の事実関係の下において，Yに対する債権譲渡の優劣をめぐる問題を具体的に指摘し，自己の見解を説明せよ。

Ⅲ 判例の考え方

1 本問の事実関係の下では，AからYに対して債権譲渡がされているところ，この譲渡の対象となった指名債権については，譲渡禁止の特約のあったものであり，その後債務者が譲渡につき承諾をしていることから，債権譲渡の時にさかのぼって債権譲渡が第三者に対して効力を有するかが問題になると考えられる。

2 譲渡禁止の特約のある指名債権について，譲受人がこの特約の存在を知り，又は重大な過失によりこの特約の存在を知らないでこれを譲り受けた場合でも，その後，債務者がこの債権の譲渡について承諾を与えたときは，当該債権譲渡は譲渡の時にさかのぼって有効となるが，民法116条の法意に照らし，第三者の権利を害することはできないと解するのが相当である（判例）。

3 本問の事実関係の下においては，仮にYの主張するように，昭和62年12月9日にYがAから本件売掛金債権の譲渡を受けたものであるとしても，Yは，この当時，本件売掛代金債権の譲渡禁止特約の存在を知り，又は重大な過失によりこれを知らなかったのであるから，この譲渡によって本件売掛代金債権を直ちに取得したということはできない。そして，本件売掛代金債権に対して，同月11日にX_1により，同月22日にX_2により滞納処分による差押えがされているのであるから，Bが昭和63年1月29日にAからYへの本件売掛代金債権の譲渡に承諾を与えたことによって前記債権譲渡が譲渡の時にさかのぼって有効となるものとしても，前記承諾の前に滞納処分による差押えをした者に対しては，債権譲渡の効力を主張することができないものというべきである。

Ⅳ 関連問題・参考判例・関連判例・参考文献

関連問題

→ 民法466条2項所定の善意の立証責任は誰が負うかを説明せよ。

参考判例

＊最1小判平成9・6・5民集51巻5号2053頁

関連判例

＊最2小判昭和45・4・10民集24巻4号240頁
→ 譲渡禁止の特約のある債権であっても，差押債権者の善意・悪意を問わず，これを差し押さえ，かつ，転付命令によって移転することができる。

＊最1小判昭和48・7・19民集27巻7号823頁
→ 譲渡禁止の特約の存在を知らずに債権を譲り受けた場合，これにつき譲受人に重大な過失があるときは，譲渡によってその債権を取得し得ない。

＊最1小判昭和52・3・17民集31巻2号308頁
→ 譲渡禁止の特約のある指名債権をその譲受人がこの特約の存在を知って譲り受けた場合，その後，債務者が債権譲渡につき承諾を与えたときは，債権譲渡は，譲渡の時にさかのぼって有効となる。

参考文献

＊深谷格・リマークス18号40頁
＊清原泰司・判評472（判時1634）号22頁
＊池田真朗・金法1499号11頁
＊道垣内弘人・金法1524号26頁
＊佐久間毅・平成9年度重判解69頁
＊野澤正充・民法百選Ⅱ〔6版〕54頁

事例 9

Ⅰ 事実関係

1 X有限会社は，A株式会社の代表取締役であるBから，その所有する工場を賃借し，平成14年4月以降，同工場でブナシメジを生産していた。

2 Bは，平成15年8月12日から同年9月17日までの期間，賃貸借契約の解除等をめぐる紛争に関連して同工場を実力で占拠し，その間，A会社が，Y（農協）との間でブナシメジの販売委託契約（以下「本件販売委託契約」という）を締結した上，X会社の所有する同工場内のブナシメジをYに出荷した。

Yは，本件販売委託契約に基づき，上記ブナシメジを第三者に販売し，その代金を受領した。

3 X会社は，平成19年8月27日，Yに対し，X会社とYとの間に本件販売委託契約に基づく債権債務を発生させる趣旨で，本件販売委託契約を追認した。

Ⅱ 問題

→ 以上の事実関係において，XがYに対して金銭の支払を請求する訴訟を提起したが，本件訴訟の訴訟物を紹介し，本件訴訟の主要な争点を取り上げ，説明せよ。

Ⅲ 判例の考え方

1 本問の事実関係に照らすと、Xは、ブナシメジを生産し、所有するものと主張することが考えられ、Yが本件販売委託契約によりブナシメジの販売委託を受け、第三者に販売し、販売代金を取得していること、Xが本件販売委託契約を追認したことから、本件訴訟においてXはYに対して販売代金の支払を請求したものと考えることができ、販売代金の引渡請求権が訴訟物であると考えられる（民法646条参照）。

本件訴訟の主要な争点は、民法116条の類推適用の可否であり、Xが本件販売委託契約の追認により、本件販売委託契約の締結の時点に遡って直接にXとYとの間に契約を締結したと同様な効果が生じるかどうかである。

2 無権利者を委託者とする物の販売委託契約が締結された場合に、当該物の所有者が、自己と同契約の受託者との間に同契約に基づく債権債務を発生させる趣旨でこれを追認したとしても、その所有者が同契約に基づく販売代金の引渡請求権を取得すると解することはできない。なぜならば、この場合においても、販売委託契約は、無権利者と受託者との間に有効に成立しているのであり、当該物の所有者が同契約を事後的に追認したとしても、同契約に基づく契約当事者の地位が所有者に移転し、同契約に基づく債権債務が所有者に帰属するに至ると解する理由はないからである。仮に、上記の追認により、同契約に基づく債権債務が所有者に帰属するに至ると解するならば、上記受託者が無権利者に対して有していた抗弁を主張することができなくなるなど、受託者に不測の不利益を与えることになり、相当ではない。

Ⅳ 関連問題・参考判例・関連判例・参考文献

関連問題

→ 委任契約上受任者が負う民法所定の各種の義務を説明せよ。

参考判例

＊最3小判平成23・10・18民集65巻7号2899頁

関連判例

＊最1小判平成9・6・5民集51巻5号2053頁（⇨事例8）
→　譲渡禁止の特約のある指名債権について，譲受人が同特約の存在を知り，又は重大な過失により同特約の存在を知らないでこれを譲り受けた場合であっても，その後に，債務者が債権譲渡について承諾を与えたときは，債権譲渡は，譲渡の時にさかのぼって有効となるものの，民法116条の法意に照らし，第三者の権利を害することはできない。

参考文献

＊中村肇・金判1388号8頁
＊岩藤美智子・平成23年度重判解78頁

事例 10

Ⅰ　事実関係

1　Xは，Aが代表取締役をするB株式会社に対して，金銭消費貸借契約及び準消費貸借契約に基づき昭和56年8月22日から昭和59年2月4日の間に生じた合計2150万円の債権を有し，B会社の連帯保証人であるAに対して，同額の連帯保証債務履行請求権を有していた。

2　また，Xは，Aに対して，昭和52年7月6日から昭和56年12月21日の間にAの依頼で立て替えた費用合計1189万8902円につき，同額の求償債権を有していた。

3　Aは多額の債務を負担していたところ，AとYは，他の債権者を害することを知りながら，昭和61年2月1日，Aの所有する別紙物件目録㈠ないし㈣記載の不動産（本件不動産。別紙省略）につき贈与契約を締結し，同年4月18日，Yへの所有権移転登記を経由した。Aの資産は，本件不動産が唯一のものであった。

4　Xは，昭和62年1月，Yに対して詐害行為取消しに係る本件訴訟を提起した。

5　本件訴訟の経過中，XのB会社に対する債権は期限の定めのない商事債権であり，5年の期間が経過し，Aに対する求償債権は立替後10年の期間が経過した。

Ⅱ 問　題

→ 以上の事実関係において，XがYに対して提起した訴訟の訴訟物を簡潔に説明し，Yが主張したと考えられる抗弁の内容を説明し，その当否を論ぜよ。

Ⅲ 判例の考え方

1 本件訴訟は，本問の事実関係によると，XとYには契約関係はないこと，Yは多額の債務を負っているAからA所有の唯一の不動産の贈与を受けたこと，AとYは他の債権者を害することを知っていたことの事実関係に照らすと，Yは，本件贈与の受益者に当たるということができるから，XはYに対して詐害行為を主張し，本件贈与の取消しと，本件不動産の所有権移転登記の抹消登記手続を請求しているものと考えることが相当である。したがって，本件訴訟の訴訟物は，本件贈与の詐害行為取消権と，この行使による原状回復請求権としての本件不動産の所有権移転登記の抹消登記手続請求権であると解することができる。

2 本件では，本問の事実関係に照らすと，Yとしては，Xの主張に係るAに対する債権（連帯保証履行請求権，求償債権）について消滅時効を抗弁として主張することが考えられる。本問の事実関係 *5* によると，XのA，Bに対する債権につき消滅時効の期間は経過しているところであり，問題は，Yがこれらの債権につき消滅時効を援用することができるかどうかである（民法145条）。

民法145条所定の当事者として消滅時効を援用し得る者は，権利の消滅により直接利益を受ける者に限定されるところであり（判例），詐害行為の受益者は，詐害行為取消権行使の直接の相手方とされている上，これが行使されると債権者との間で詐害行為が取り消され，同行為によって得ていた利益を失う関係にある。その反面，詐害行為取消権を行使する債権者の債権が消滅すればこの利益喪失を免れることができる地位にあるから，受益者は，この債権者の債権の消滅によって直接利益を受ける者に当たり，この債権について消滅時効を援用することができるものと解するのが相当である（判例）。

これを本件についてみると，本問の事実関係によると，Yは，Aから本件不動産の贈与を受けた詐害行為の受益者であるから，詐害行為取消権を行使する債権者であるXのAに対する求償債権の消滅時効を援用し得ると

いうべきであり，XのBに対する債権についても，この債権が消滅すればAに対する連帯保証債務履行請求権は当然に消滅するので，その消滅時効を援用し得るというべきである。

Ⅳ 関連問題・参考判例・関連判例・参考文献

関連問題
→ 詐害行為取消権の行使の要件，議論を説明せよ。
→ 消滅時効を援用することができる当事者の意義・範囲を説明せよ。

参考判例
＊最 2 小判平成 10・6・22 民集 52 巻 4 号 1195 頁

関連判例
＊最 1 小判平成 4・3・19 民集 46 巻 3 号 222 頁
→ 売買予約に基づく所有権移転請求権保全仮登記のされた不動産につき所有権を取得し，その登記を経由した者は，予約完結権の消滅時効を援用できる。

＊最 2 小判平成 11・2・26 判時 1671 号 67 頁
→ 譲渡担保の目的である土地建物を被担保債権の弁済期後に譲渡担保権者から譲り受けた者は，これを占有する譲渡担保権設定者である者に対し，清算金支払請求権の消滅時効を援用できる。

＊最 1 小判平成 11・10・21 民集 53 巻 7 号 1190 頁
→ 後順位抵当権者は，先順位抵当権の被担保債権の消滅時効を援用できない。

参考文献
＊中井美雄・民商 120 巻 3 号 77 頁
＊草野元己・リマークス 19 号 14 頁
＊清水暁・判評 486（判時 1676）号 20 頁
＊佐藤岩昭・平成 10 年度重判解 58 頁
＊松久三四彦・民法百選Ⅰ〔5 版補正版〕94 頁

事例 11

I 事実関係

1 X_1, X_2とYは，いずれも昭和50年8月2日に死亡したAの相続人である。

Yは，昭和48年10月1日から昭和50年7月16日までの間に，AがB銀行C支店の同人名義の貸金庫内に保管していた同人所有の銀行預金証書，株券等の全部をひそかに持ち出した上，順次預金の払戻しを受け，あるいは株券を売却して，払戻金や株券売却代金を着服した。

2 A及びX_1は，昭和50年7月16日，Yが前記貸金庫内のA所有の預金証書，株券等の全部を持ち出していることを知り，Yに対し，持ち出した預金証書等を返還するよう求めたが，これを拒まれた。

Yは，A死亡後にされた遺産分割協議の席上でも，持ち出した財産の内容や処分の全容等を秘匿して明かさなかった。

3 X_1, X_2は，昭和58年6月6日，Yを被告として本件訴訟を提起し，Yが着服した預金払戻金及び株券（B銀行の株券を除く）の売却代金相当額につき，X_1, X_2の相続分に応じた損害賠償を請求するとともに，B銀行の株券につき，Yがいまだ売却せずに所持しているものと考えて，共有物の保管者であるX_2への引渡し等を請求した。

4 X_1, X_2は，昭和63年4月14日の第1審口頭弁論期日において，前記B銀行の株券は既にYにより売却されていることが判明したとして，引渡し等の請求を前記株券の売却時における価額相当額についてのX_1, X_2の

相続分に応じた損害賠償請求に変更した。

5 また，X_1，X_2は，昭和63年11月30日の第1審口頭弁論期日において，Yによる預金払戻金及び前記各株券売却代金の着服を理由とする不当利得返還請求を追加した上，平成元年2月15日の第1審口頭弁論期日において，従前の損害賠償請求の訴えを取り下げた。

6 その第1審口頭弁論期日において，Yは，X_1，X_2が追加した不当利得返還請求について消滅時効に関する抗弁を主張した。

Ⅱ 問 題

→ この事案について，Yが主張した抗弁の具体的な内容を紹介し，関連する法律問題，その当否を検討せよ。

Ⅲ 判例の考え方

1 本問の事実関係によると，第1審口頭弁論期日において，X_1らが追加して請求した不当利得返還請求について，Yが消滅時効を主張しているものであるところ，不当利得返還請求権に対しては，民法167条1項所定の消滅時効を主張することができ，同法166条1項所定の起算点から時効期間が進行するものと考えられるから，本問の事実関係をみると，Yは，X_1らが貸金庫内からの預金証書等の持出事実を知った日である昭和50年7月16日から10年の時効期間の経過により，前記請求を追加する以前に消滅時効が完成している旨を主張し，時効を援用したものと考えることができる。

2 ところで，本問の事実関係の下においては，X_1らが追加した不当利得返還請求は，Yが預金払戻金及び株券売却代金を不当に着服したと主張する点において，昭和58年6月6日に提起した本件訴訟の訴訟物である不法行為に基づく損害賠償請求とその基本的な請求原因事実を同じくする請求であり，また，Yが不法に着服した預金払戻金及び株券売却代金につきX_1らの相続分に相当する金額の返還を請求する点において，前記損害賠償請求と経済的に同一の給付を目的とする関係にあるということができる。前記損害賠償を求める訴えの提起により，本件訴訟の係属中は，前記同額の着服金員相当額についての不当利得返還を求める権利行使の意思が継続的に表示されているものというべきであり，前記不当利得返還請求権につき催告（民法153条）が継続していたものと解するのが相当である。

したがって，X_1らが第1審口頭弁論期日において，前記不当利得返還請求を追加したことにより，同請求権の消滅時効につき中断の効力が確定的に生じたものというべきである。

3 また，本問の事実関係によると，Yが持ち出した前記B銀行の株券を既に売却していたことを秘匿していたため，X_1らは，当初，Yが前記株券を所持しているものとして前記株券の引渡し等を求める訴えを提起したも

のであって，その時点で前記株券が売却されていることを知っていれば，訴え提起時に他の株券と同様，相続分に応じた売却代金相当額の損害賠償請求権を行使する意思を有していたことは明らかというべきである。

　したがって，X_1らのした前記株券の引渡し等の請求には，X_1らの当該株券売却代金相当額の損害賠償又は不当利得の返還を求める権利行使の意思が表れていたとみることができるから，本件訴訟の係属中，前記不当利得返還請求についても催告が継続していたものと解するのが相当であり，その後の口頭弁論期日においてX_1らが不当利得返還請求を追加したことにより，同請求権の消滅時効につき中断の効力が確定的に生じたものと解すべきである。

4　このように，X_1らが本訴を提起したのが昭和58年6月6日であり，前記不当利得返還請求権の消滅時効は本訴の提起により，中断したというべきであり，Yの消滅時効の抗弁は排斥されるべきものである。

Ⅳ　関連問題・参考判例・関連判例・参考文献

関連問題
→ 民法166条1項所定の消滅時効の起算点と同法724条前段の消滅時効の起算点のそれぞれの定義を説明せよ。

参考判例
＊最1小判平成10・12・17判時1664号59頁

関連判例
＊最2小判昭和49・12・20民集28巻10号2072頁
→ 準禁治産者が訴えを提起するにつき保佐人の同意を得られない場合，準禁治産者の有する損害賠償債権の消滅時効の進行は妨げられない。

＊最2小判平成10・4・24判時1661号66頁（⇨事例15）
→ 債務不履行に基づく損害賠償請求権は，本来の債務の履行を請求し得る時から進

11

行する。

＊最3小判平成 14・1・29 民集 56 巻 1 号 218 頁
→ 民法 724 条にいう被害者が損害を知った時とは，被害者が損害の発生を現実に認識した時をいう。

参考文献
＊平田健治・リマークス 20 号 10 頁
＊草野元己・判評 489（判時 1685）号 25 頁
＊加藤新太郎・平成 11 年度主民解 98 頁

事例 12

I 事実関係

1 X有限会社は，昭和61年7月18日，Yから別紙物件目録（省略）記載の建物（以下「本件建物」という）の新築工事を代金5100万円で請け負い，同年10月25日にこれを完成させてYに引き渡した。

2 X会社は，昭和63年11月18日に本件訴訟を提起した。訴状に記載された請求の趣旨は，「Yは，X会社に対し，本件建物についての熊本地方法務局昭和61年9月20日受付第45645号所有権保存登記（以下「本件登記」という）の抹消登記手続をせよ。」というものである。訴状の請求原因には，本件登記は，一部しか代金を支払わないYがX会社から本件登記手続に必要な工事完了引渡証明書と印鑑証明書を不正に取得してしたもので，真実に反する無効なものであるから，その抹消登記手続を求める旨記載されていた。

3 X会社は，第1審係属中の平成2年9月19日に前記請求を請負残代金請求に交換的に変更する旨の「訴変更の申立書」を提出し，同日の第16回口頭弁論期日において，同書面を陳述した。

4 Yは，請負代金をすべて弁済したと主張したが，第1審判決は，この主張を認めず，X会社の請求を一部認容した。

5 Yは，第1審判決に対して控訴し，控訴審第1回口頭弁論期日において，請負代金債権についてその弁済期である昭和61年10月25日から3年が

経過したと主張し，これに関連する必要な主張を付加した。X会社は，Yのこの主張に対して反論した。

> **Ⅱ　問　題**

→ この事案について，控訴審におけるYの主張，Xの反論の概要をそれぞれ紹介するとともに，この問題を検討して説明せよ。なお，本件の検討の基準時は，平成5年1月とする。

Ⅲ　判例の考え方

1　本問の事実関係に照らすと，本件訴訟における当初の請求は，建築された建物の所有権に基づく妨害排除請求権を行使して本件登記の抹消登記手続を求めるものと解されるところ，第1審係属中における訴え変更後の請求は，請負契約に基づく履行請求権を行使して請負残代金の支払を求めるものである。訴え変更後の本件訴訟における訴訟物たる請求権は，請負契約に基づく請負代金の支払請求権であり，訴えの変更前の訴訟物とは，その法的性質も求める給付の内容も異なっているものである。

2　本件訴訟の控訴審において，Yは，3年間の期間の経過を主張しているものであるが，この主張は，民法170条2号所定の消滅時効の主張と解するのが合理的である。これに対し，Xは，反論をしているものであるが，その内容は，本件訴訟の提起に照らすと，民法147条1号所定の時効の中断を主張しているものと解することができる。

　本件訴訟においては，3年間の短期消滅時効の適用を前提とし，本件訴訟の提起が消滅時効の中断事由に当たるかどうかが争点になっているものと考えられる。

3　ところで，本件訴訟の提起時における訴訟物は，訴えの変更後の訴訟物とは全く異なるものであるから，本件訴訟の提起を請負代金の裁判上の請求とみることもできないし，これに準ずるものということもできないというべきである。また，本件登記の抹消登記手続請求訴訟の係属中，請負代金の支払を求める権利行使の意思が継続的に表示されていたとみることも困難である。このようにみると，裁判上の請求は認められないし，これに準ずるということもできない上，本件訴訟の提起から訴えの変更に至るまで，その間，請負代金について催告が継続していたということもできない。

　以上の次第であって，本件においては，請負代金債権の消滅時効の中断を認めることはできないというべきである。

IV 関連問題・参考判例・関連判例・参考文献

関連問題
→ 消滅時効の中断事由としての催告の意義・効力を説明せよ。

参考判例
＊最1小判平成11・11・25 判時1696号108頁

関連判例
＊最1小判平成10・12・17 判時1664号59頁（⇨事例11）
→ 相続人の1人に対して，相続財産（金員）を着服したことを理由として不法行為に基づく損害賠償請求の訴えを提起した他の相続人が，この着服金員相当額の不当利得返還請求を不当利得返還請求権の消滅時効の期間経過後に追加した場合，これらの請求が基本的な請求原因事実を同じくし，経済的に同一の給付を目的とするなどの事情の下においては，損害賠償請求の訴えの提起により，不法行為訴訟の継続中は，不当利得返還請求権につき催告が継続していたものと解することができ，不当利得返還請求の追加により，この請求権の消滅時効について中断の効力が確定的に生じたというべきである。

＊最2小判昭和43・2・9 民集22巻2号122頁
→ 債務者が請求権の存否につき調査のため猶予を求めた場合には，その者の何らかの回答がなされるまで民法153条所定の6か月の期間は進行せず，回答前にされた訴えの提起によって時効中断の効力を生ずる。

参考文献
＊松久三四彦・リマークス22号6頁
＊金築亜紀・平成12年度主民解38頁

事例 13

I　事実関係

1　本件訴訟においては，予防接種法（昭和28年法律第213号による改正前のもの）に基づいて実施された痘そうの予防接種により重度の心身障害者となったX_1は，その両親であるX_2及びX_3と共に，Y（国）に対し，国家賠償法に基づく損害賠償を請求している。

2　X_1は，昭和27年5月19日，出生し，同年10月20日，A市保健所において，予防接種法5条，10条1項1号に基づきA市長が実施した痘そうの集団接種（以下「本件接種」という）を受けた。ところが，X_1は，同月27日から，けいれん，発熱を発症し，以後，けいれんが止まらず，通常ならば直立や歩行ができる時期に至っても，これができない状態となった。

3　X_1は，昭和35年1月ころには，座ったり，身体を転がして移動することができるようになり，また，わずかに歩けるようになった時期もあったが，その後，高度の精神障害，知能障害，運動障害及び頻繁なけいれん発作を伴う寝たきりの状態となっている。

4　X_1の前記の症状は，本件接種を原因とするものである。

5　X_1らは，昭和49年12月5日，本件訴訟を提起した。
　　なお，X_1については，同人が既に成年に達していたにもかかわらず，X_2及びX_3がX_1の親権者と称して弁護士らに本件訴訟の提起ないし追行

を委任し，弁護士らによって第1審の訴訟手続が追行された。

6 X_1 は，第1審判決の言渡しの後である昭和59年10月19日，禁治産宣告を受け，X_2 が後見人に就職した。X_2 は，X_1 の後見人として，改めて同弁護士らに本件訴訟の追行を委任し，同年11月1日，控訴審にその旨の訴訟委任状を提出し，同弁護士らは，以降の訴訟手続を追行した。

7 控訴審は，前記の事実関係の下において，X_1 らの国家賠償請求について，いずれも棄却した。

　その理由は，次のとおりであった。
　(1)　X_1 らの本件訴訟の提起は，不法行為の時から20年を経過した後にされたことが明らかであり，X_1 らの損害賠償請求権は，既に本件訴訟提起前の前記20年の期間が経過した時点で法律上当然に消滅した。
　(2)　民法724条後段の規定は，損害賠償請求権の除斥期間を定めたものであるから，当事者からの主張がなくても，除斥期間の経過により同請求権が消滅したものと判断すべきであり，除斥期間の主張が信義則違反又は権利濫用であるという X_1 らの主張は，主張自体失当である。
　(3)　一定の時の経過によって法律関係を確定させるため，被害者側の事情等は特に顧慮することなく，請求権の存続期間を画一的に定めるという除斥期間の趣旨からすると，本件で訴えの提起が遅れたことにつき被害者側にやむを得ない事情があったとしても，本件で除斥期間の経過を認定することが正義と公平に著しく反する結果をもたらすということはできない。

Ⅱ　問　題

→ 以上の内容の控訴審判決について，その理由の当否について，その根拠とともに説明せよ。

Ⅲ 判例の考え方

1 本問の事実関係では国家賠償法4条により民法の規定が適用されるところ，本問で適用が問題になっている民法724条後段の規定は，不法行為による損害賠償請求権の除斥期間を定めたものであり，不法行為による損害賠償を求める訴えが除斥期間の経過後に提起された場合には，裁判所は，当事者からの主張がなくても，除斥期間の経過により同請求権が消滅したものと判断すべきであるから，除斥期間の主張が信義則違反又は権利濫用であるという主張は，主張自体失当であると解すべきである（判例）。

2 ところで，民法158条は，時効の期間満了前6か月内において未成年者又は禁治産者（現行法上は，成年被後見人。以下，同じ）が法定代理人を有しなかったときは，その者が能力者となり又は法定代理人が就職した時から6か月内は時効は完成しない旨を規定しているところ，その趣旨は，無能力者は法定代理人を有しない場合には時効中断の措置を執ることができないのであるから，無能力者が法定代理人を有しないにもかかわらず時効の完成を認めるのは無能力者に酷であるとして，これを保護するところにあると解される。

これに対し，民法724条後段の規定の趣旨は，前記のとおりであるから，前記規定を字義どおりに解すれば，不法行為の被害者が不法行為の時から20年を経過する前6か月内において心神喪失の常況にあるのに後見人を有しない場合には，前記20年が経過する前に前記不法行為による損害賠償請求権を行使することができないまま，前記請求権が消滅することとなる。しかし，これによれば，その心神喪失の常況が当該不法行為に起因する場合であっても，被害者は，およそ権利行使が不可能であるのに，単に20年が経過したということのみをもって一切の権利行使が許されないこととなる反面，心神喪失の原因を与えた加害者は，20年の経過によって損害賠償義務を免れる結果となり，著しく正義・公平の理念に反するものといわざるを得ない。そうすると，少なくともこのような場合にあっては，当該被害者を保護する必要があることは，前記時効の場合と同様であり，

その限度で民法724条後段の効果を制限することは条理にもかなうというべきである。

したがって、不法行為の被害者が不法行為の時から20年を経過する前6か月内において前記不法行為を原因として心神喪失の常況にあるのに法定代理人を有しなかった場合において、その後当該被害者が禁治産宣告を受け、後見人に就職した者がその時から6か月内に前記損害賠償請求権を行使したなど特段の事情があるときは、民法158条の法意に照らし、同法724条後段の効果は生じないものと解するのが相当である。

3 これを本件についてみると、本問の事実関係の下においては、X_1は、本件接種の7日後にけいれん等を発症し、その後、高度の精神障害、知能障害等を有する状態にあり、かつ、前記の各症状はいずれも本件接種を原因とするものであったというのであるから、不法行為の時から20年を経過する前6か月内においても、本件接種を原因とする心神喪失の常況にあったというべきである。そして、本件訴訟が提起された後、X_1が昭和59年10月19日に禁治産宣告を受け、その後見人に就職したX_2が、弁護士らに本件の訴訟委任をし、同年11月1日にその旨の訴訟委任状を控訴審に提出することによって、X_1の本件損害賠償請求権を行使したのであるから、本件においては前記特段の事情があるものというべきであり、民法724条後段の規定にかかわらず、前記損害賠償請求権が消滅したということはできない。

したがって、控訴審判決は不当であるというべきである。

Ⅳ 関連問題・参考判例・関連判例・参考文献

関連問題

→ 除斥期間と消滅時効の違いを説明せよ。

参考判例

＊最2小判平成10・6・12民集52巻4号1087頁

関連判例

＊最 1 小判平成元・12・21 民集 43 巻 12 号 2209 頁
→ 民法 724 条後段の規定は，不法行為によって発生した損害賠償請求権の除斥期間を定めたものであり，その主張が信義則違反又は権利の濫用に当たることはない。

参考文献

＊半田吉信・判評 481（判時 1661）号 25 頁
＊河本晶子・平成 10 年度主民解 100 頁
＊大塚直・平成 10 年度重判解 82 頁

事例 14

I 事実関係

1 本件は，公売により別紙物件目録（省略）記載(1)の土地（以下「本件土地」という）を取得したXが，本件土地の所有権に基づき，本件土地上に同目録記載(2)及び(3)の建物（以下「本件建物」という）を所有して本件土地を占有するY₁に対し，本件建物を収去して本件土地を明け渡すことなどを請求したものである。

2 また，Xは，本件訴訟において，本件土地の所有権に基づき，Y₁からそれぞれ本件建物の一部を賃借して占有しているその余のY₂らに対し，本件建物の各占有部分から退去して本件土地を明け渡すことを請求したものである。

3 Y₁は，本件土地を前所有者から賃借していたが，上記公売により消滅した抵当権の設定登記に先立って賃借権の対抗要件を具備していない。

4 Y₁は，本件土地につき賃借権を時効取得した旨も主張している。

II 問題

→ 以上の事実関係において，Y₁の主張に照らし，本件訴訟の主要な争点を取り上げ，説明せよ。

Ⅲ　判例の考え方

1　本問の事実関係によれば，Y_1 は，抵当権の設定登記の後，賃借権の時効取得に必要とされる期間，本件土地を継続的に用益するなどしてこれを時効により取得しており，同登記に先立って賃借権の対抗要件を具備していなくても，この賃借権をもってＸに対して対抗することができると主張しているものと考えられるから，この主張の当否が本件訴訟の主要な争点であると考えられる。

2　抵当権の目的不動産につき賃借権を有する者は，当該抵当権の設定登記に先立って対抗要件を具備しなければ，当該抵当権を消滅させる競売や公売により目的不動産を買い受けた者に対し，賃借権を対抗することができないのが原則である。このことは，抵当権の設定登記後にその目的不動産について賃借権を時効により取得した者があったとしても，異なるところはないというべきである。

　したがって，不動産につき賃借権を有する者がその対抗要件を具備しない間に，当該不動産に抵当権が設定されてその旨の登記がされた場合，上記の者は，上記登記後，賃借権の時効取得に必要とされる期間，当該不動産を継続的に用益したとしても，競売又は公売により当該不動産を買い受けた者に対し，賃借権を時効により取得したと主張して，これを対抗することはできないことは明らかである。

　なお，不動産の取得の登記をした者と上記登記後に当該不動産を時効取得に要する期間占有を継続した者との間における登記が必要であるかをめぐる判例は，相容れない権利の得喪にかかわるものであり，そのような関係にない抵当権者と賃借権者との間の関係に係る本件とは事案を異にするものである。

Ⅳ　関連問題・参考判例・関連判例・参考文献

関連問題
→ 賃借権の取得時効の要件を説明せよ。

参考判例
＊最2小判平成23・1・21判時2105号9頁

関連判例
＊最2小判昭和62・6・5判時1260号7頁
→ 他人の土地の所有者と称する者から，建物を買い受けるとともにその敷地を賃借した者が，賃料を支払ってきた場合には，賃借権の時効取得が認められる。

＊最3小判平成16・7・13判時1871号76頁
→ 農地を継続的に占有している者について，賃借権の時効取得を認めることは，農地法3条所定の許可による規制の趣旨に反するものではなく，同条1項の許可がなくとも賃借権の時効取得が認められる。

参考文献
＊草野元己・民商145巻4＝5号124頁
＊石田剛・リマークス44号18頁
＊古積健三郎・平成23年度重判解70頁

事例 15

I 事実関係

1 Xは，昭和39年3月12日，Yの父Aとの間で，当時農地であった同人所有の別紙物件目録（省略）記載の土地（以下「本件土地」という）を代金200万円で買い受ける旨の契約（以下「本件契約」という）を締結し，そのころ，前記代金全額を支払うとともに，本件土地につき，同月13日受付でXを権利者とする条件付所有権移転仮登記（以下「本件仮登記」という）を経由した。

2 Aは，昭和51年9月ころ，本件契約に基づく所有権移転義務を履行するため，本件土地を農地から転用する手続を試みたものの果たせなかったが，Xは，そのころ，Aに対し，前記手続に要する費用の負担及び本件契約締結後の本件土地に係る固定資産税の精算のために，仲介業者を介して22万円を支払った。

3 Aは，昭和54年7月22日死亡し，相続人であるYが本件土地及び本件契約に関する一切の権利義務を承継した。

4 Yは，昭和63年6月，Xを被告として，本件仮登記の抹消登記手続を求める訴訟をB地方裁判所に提起し，同訴状において，本件契約に基づく本件土地についての所有権移転許可申請協力請求権の消滅時効を援用した。前記訴訟においては，Xの住居所が不明であるとして，公示送達により手続が進められ，同年9月27日，Y勝訴の判決が言い渡されて確定した。Yは，前記確定判決に基づき，昭和63年10月24日，本件仮登記の抹消

登記を経由した。

5　Yは，昭和63年12月9日，本件土地をCに売り渡し，同人に対する所有権移転登記を経由した。

6　XはYに対し，D地方裁判所に自己の被った損害の回復のため本件訴訟を提起した。

7　Yは，Xに対し，平成5年1月25日ころ，本件訴訟手続において，本件契約に基づく所有権移転許可申請協力請求権につき消滅時効を援用した。

Ⅱ　問　題

→ 以上の事実関係の下において，XがYに対して提起した本件訴訟について，Xがどのような法的な根拠に基づき，どのような内容の権利を行使したのかを簡潔に紹介した上，重要な争点とその争点に関する意見を説明せよ。

Ⅲ 判例の考え方

1 本問の事実関係の下においては，XがYの先代Aとの間で農地の売買契約を締結し，Xを権利者とする条件付所有権移転仮登記を経由していたところ，Yが確定判決により同仮登記の抹消登記を経由した上で本件土地を第三者に売却して所有権移転登記を経由したものであるから，Xが本件土地の所有権を取得することができなくなったものであり，Yに対し，Yの売買契約上の履行不能による損害賠償を請求する訴訟を提起したものと考えることができる。

2 契約に基づく債務について不履行があったことによる損害賠償請求権は，本来の履行請求権の拡張ないし内容の変更であって，本来の履行請求権と法的に同一性を有すると見ることができるから，債務者の責めに帰すべき債務の履行不能によって生ずる損害賠償請求権の消滅時効は，本来の債務の履行を請求し得る時からその進行を開始するものと解するのが相当である（判例）。

3 これを本件についてみるに，本問の事実関係の下においては，Yが本件土地をCに売却してその旨の所有権移転登記を経由したことにより，本件契約に基づくYの売主としての義務は，Yの責めに帰すべき事由に基づき履行不能となったのであるが，これによって生じた損害賠償請求権の消滅時効は，所有権移転許可申請義務の履行を請求し得る時，すなわち，本件契約締結時からその進行を開始するのであり，また，Yが平成5年1月25日ころにした消滅時効の援用は，本来の履行請求権とこれに代わる損害賠償請求権との法的同一性にかんがみれば，前記損害賠償請求権についての時効期間を10年間とする消滅時効を援用する趣旨のものと解し得るものである。

そうすると，Xの前記損害賠償請求権は，格別の事情がなければ，Yの前記消滅時効の援用によって消滅すると解することができる。

Ⅳ　関連問題・参考判例・関連判例・参考文献

関連問題
→ 消滅時効の援用の方法，手続を説明せよ。

参考判例
＊最2小判平成10・4・24判時1661号66頁

関連判例
＊最3小判昭和35・11・1民集14巻13号2781頁
→ 契約解除の基づく原状回復義務の履行不能による損害賠償請求権の消滅時効は，本来の債務の履行を請求し得る時から進行する。

＊最1小判昭和62・10・8民集41巻7号1445頁
→ 無断転貸を理由とする賃貸借契約の解除権の消滅時効は，転貸借契約に基づき使用収益を開始した時から進行する。

参考文献
＊佐々木典子・民商120巻6号183頁
＊難波譲治・リマークス20号18頁
＊高橋眞・判評485（判時1673）号23頁
＊長谷川恭弘・平成11年度主民解36頁
＊内田勝一＝藤田貴宏・ジュリ1173号131頁

事例 16

I 事実関係

1 昭和48年2月18日，Xは，Yから，別紙物件目録（省略）記載の土地（以下「本件宅地」という）及びその地上建物等を買い受け，その代金を支払った。同年5月9日，本件宅地につきYからXへの所有権移転登記がされ，そのころ，XはYからその引渡しを受けた。

2 本件宅地の一部には，A市昭和47年10月27日第157号をもって道路位置指定がされている。
　このため，本件宅地上の建物の改築に当たり床面積を大幅に縮小しなければならないなどの支障が生じている。

3 Xは，平成6年2月ないし3月ころ，前記道路位置指定の存在を初めて知り，同年7月ころ，Yに対し，道路位置指定を解除するための措置を講ずるよう求め，それができないときは損害賠償を請求する旨を通知した。

4 Xは，前記*1*の売買により損失を被ったと考えている。

5 Xは，平成6年10月，Yに対し，本件訴訟を提起した。

Ⅱ　問　題

→ この事案について，Xは，Yに対してどのような内容の請求をすることができるかを説明するとともに，次のような見解についてどのように考えるかを説明せよ。なお，この事案の検討時点は，平成10年であるとする。

「売主の瑕疵担保責任は，法律が買主の信頼保護の見地から特に売主に課した法定責任であって，売買契約上の債務とは異なるから，これにつき民法167条1項の適用はない。また，同法570条，566条3項が除斥期間を定めているのは，責任の追及を早期にさせて権利関係を安定させる趣旨を含むものであるが，他方で，その期間の起算点を『買主カ事実ヲ知リタル時』とのみ定めていることは，その趣旨が権利関係の早期安定だけでないことを示しているから，瑕疵担保による債権に同法167条1項を準用することも相当でない。このように解さないと，買主が瑕疵の存在を知っているか否かを問わずに当該債権の時効消滅を認めることとなり，買主に対し売買の目的物を自ら検査して瑕疵を発見すべき義務を負わせるに等しく，必ずしも公平といえない。」

Ⅲ 判例の考え方

1 本問の事実関係に照らすと，本件においては，Xを買主，Yを売主とする不動産の売買契約が締結されており，Xが購入した本件宅地につき道路位置指定がされていることから，本件宅地の一部の利用が制限され，Xは，これによって損失を被ったものであり，しかも損害賠償を請求する旨の通知をYに対して行っている。このような事情によると，本件では，Xは，民法570条所定の事由があると主張し，瑕疵担保責任に基づき損害賠償を請求する訴訟を提起しているものとみることができる。

2 ところで，本件では，Xが瑕疵担保責任に基づき損害賠償を請求する訴訟を提起したのは，売買契約の後，20年を超えた時期であり，民法570条，566条3項所定の徐斥期間，同法167条1項の消滅時効の各規定の適用が問題になる。本件では，前記の徐斥期間については，Xが前記道路位置指定の事実を知ったのは，平成6年2月ないし3月ころのことであり，徐斥期間の適用はないが，債権の消滅時効の適用の可能性が残っているからである。

　前記の本問の見解は，瑕疵担保責任に基づく損害賠償請求権については，前記の徐斥期間のみが適用され，債権の消滅時効が適用されないと考えるものである。

3 しかしながら，買主の売主に対する瑕疵担保による損害賠償請求権は，売買契約に基づき法律上生ずる金銭支払請求権であって，これが民法167条1項にいう「債権」に当たることは明らかであるというべきである。

　この損害賠償請求権については，買主が事実を知った日から1年という除斥期間の定めがあるが（民法570条，566条3項），これは法律関係の早期安定のために買主が権利を行使すべき期間を特に限定したものであるから，この除斥期間の定めがあることをもって，瑕疵担保による損害賠償請求権につき民法167条1項の適用が排除されると解することはできない。

　また，買主が売買の目的物の引渡しを受けた後であれば，遅くとも通常

の消滅時効期間の満了までの間に瑕疵を発見して損害賠償請求権を行使することを買主に期待しても不合理でないと解されるのに対し、瑕疵担保による損害賠償請求権に消滅時効の規定の適用がないとすると、買主が瑕疵に気付かない限り、買主の権利が永久に存続することになるが、これは売主に過大な負担を課するものであって、適当といえない。

したがって、瑕疵担保による損害賠償請求権には消滅時効の規定の適用があり、この消滅時効は、買主が売買の目的物の引渡しを受けた時から進行すると解するのが相当である（判例）。

4 これを本件についてみると、XがYに対し瑕疵担保による損害賠償を請求したのが本件宅地の引渡しを受けた日から21年余りを経過した後であったというのであるから、Xの損害賠償請求権については消滅時効期間が経過しているというべきである。

したがって、本問の見解は誤りであるというべきである。

Ⅳ 関連問題・参考判例・関連判例・参考文献

関連問題
→ 民法566条3項所定の期間を変更する特約は有効であるかを説明せよ。

参考判例
＊最3小判平成13・11・27民集55巻6号1311頁

関連判例
＊最1小判昭和32・12・12民集11巻13号2131頁
→ 買主が賃借権及び対抗要件発生の要件となる事実を知っているときは、法律上対抗力のあることまで知らなくても、民法566条1項にいう「知らざりしとき」に当たらない。

＊最3小判平成4・10・20民集46巻7号1129頁
→ 民法566条3項の1年の期間制限は、除斥期間を定めたものであるところ、同法

570条による損害賠償請求権を保存するには，前記期間内に裁判上の権利行使をする必要はないが，少なくとも売主に対し，具体的に瑕疵の内容とそれに基づく損害賠償請求をする旨を表明し，請求する損害額の算定の根拠を示すなどして，売主の担保責任を問う意思を明確に告げる必要がある。

参考文献

＊曽野裕夫・法教 262 号 144 頁
＊森田宏樹・平成 13 年度重判解 82 頁
＊松井和彦・民法百選 II〔6 版〕110 頁
＊金山直樹・不動産百選 154 頁
＊吉川吉樹・法協 120 巻 9 号 183 頁
＊河上正二・判評 530 号（判時 1809 号）7 頁
＊平井一雄・金判 1153 号 63 頁

事例 17

I 事実関係

1 Aは，別紙物件目録（省略）記載の各不動産を所有していた。

2 Aは，平成2年10月27日に死亡し，同人の妻B並びにX及びYを含む4人の子がこれを相続したが，Aの遺産についての分割協議は未了である。Aは，遺言していない。

3 同物件目録記載㈠の土地（以下「本件土地」という）は，Aの死後，畑として利用されていたが，Yが，本件土地上に家屋を建築する目的で，平成5年4月ころから同年7月ころまでの間，本件土地に土砂を搬入して地ならしをする宅地造成工事を行った結果，その地平面が北側公道の路面より25センチメートル低い状態にあったものが前記路面より高い状態となり，非農地化した。Yは，X，Bらの同意を得ていない。

4 Xは，Yに対して，本件土地の共有持分権に基づく妨害排除として，本件土地につき，北側に隣接する公道の路面より25センチメートル低い地平面となるよう本件土地上の土砂を撤去する方法により，原状回復する工事をすることを請求した。

II 問題

→ 以上の事実関係の下において，本件訴訟の争点を指摘し，その争点についてどのように考えるべきであるかを踏まえ，Xの請求の当否を説明せよ。

Ⅲ　判例の考え方

1　本問の事実関係によると，XとYは，本件土地につき各共有持分を有するものであり，共有者の1人であるYが共有物である本件土地に宅地造成工事を施工した状態にあるところ，共有者の1人であるXが単独で原状回復請求をすることができるかどうかが重要な争点であるということができる。

2　ところで，共有者の一部が他の共有者の同意を得ることなく共有物を物理的に損傷しあるいはこれを改変するなど共有物に変更を加える行為をしている場合には，他の共有者は，各自の共有持分権に基づいて，前記行為の全部の禁止を求めることができるだけでなく，共有物を原状に復することが不能であるなどの特段の事情がある場合を除き，前記行為により生じた結果を除去して共有物を原状に復させることを求めることもできると解するのが相当である。

　けだし，共有者は，自己の共有持分権に基づいて，共有物全部につきその持分に応じた使用収益をすることができるのであって（民法249条），自己の共有持分権に対する侵害がある場合には，それが他の共有者によると第三者によるとを問わず，単独で共有物全部についての妨害排除請求をすることができ，既存の侵害状態を排除するために必要かつ相当な作為又は不作為を相手方に求めることができると解されるところ，共有物に変更を加える行為は，共有物の性状を物理的に変更することにより，他の共有者の共有持分権を侵害するものにほかならず，他の共有者の同意を得ない限りこれをすることが許されない（民法251条）からである。

　もっとも，共有物に変更を加える行為の具体的態様及びその程度と妨害排除によって相手方の受ける社会的経済的損失の重大性との対比等に照らし，あるいは，共有関係の発生原因，共有物の従前の利用状況と変更後の状況，共有物の変更に同意している共有者の数及び持分の割合，共有物の将来における分割，帰属，利用の可能性その他諸般の事情に照らして，他の共有者が共有持分権に基づく妨害排除請求をすることが権利の濫用に当

たるなど，その請求が許されない場合もあることはいうまでもない。

3 これを本件についてみると，本問の事実関係によれば，本件土地は，遺産分割前の遺産共有の状態にあり，畑として利用されていたが，Yは，本件土地に土砂を搬入して地ならしをする宅地造成工事を行って，これを非農地化したというのであるから，Yの前記行為は，共有物たる本件土地に変更を加えるものであって，他の共有者の同意を得ない限り，これをすることができないというべきである。

本件において，Yが前記工事を行うにつき他の共有者の同意を得たとの事情はない。

そうすると，Xは，本件土地の共有持分権に基づき，Yに対し，本件土地に搬入された土砂の範囲の特定及びその撤去が可能であるときには，Xの本件請求が権利濫用に当たるなどの特段の事情がない限り，原則として，本件土地に搬入された土砂の撤去を求めることができるというべきである。

Yは本件土地につき共有持分権に基づく使用権原を有しているが，この一事をもって，Xからの共有持分権に基づく本件請求を棄却すべきものというべきではなく，Xの請求を認容するのが相当であると解すべきである。

Ⅳ 関連問題・参考判例・関連判例・参考文献

関連問題

→ 共有に係る建物を他に賃貸する場合，どのような要件，手続によって賃貸借契約を有効に締結することができるかを説明せよ。

参考判例

＊最3小判平成10・3・24判時1641号80頁

関連判例

＊最1小判平成10・2・26民集52巻1号255頁（⇨事例19）
→ 共有者間の合意により共有者の1人が共有物を単独で使用する旨を定めた場合，合意により単独使用を認められた共有者は，共有物を単独で使用することができ，

使用による利益について他の共有者に対して不当利得返還義務を負わない。

*最1小判平成 21・1・22 民集 63 巻 1 号 228 頁
→ 預金者の共同相続人の1人は，共同相続人全員に帰属する預金契約上の地位に基づき，金融機関に対し，被相続人名義の預金口座について取引経過の開示を求める権利を単独で行使できる。

*最2小判平成 15・7・11 民集 57 巻 7 号 787 頁（⇨事例 18）
→ 不動産の共有者の1人は，自分の持分権に基づき，共有不動産に対する妨害排除請求ができ，当該不動産について全く実体上の権利を有しないのに持分移転登記を経由している者に対して，単独で，当該の抹消登記手続を求めることができる。

*最2小判昭和 63・5・20 判時 1277 号 116 頁
→ 共有者の一部の者が共有物を第三者に使用貸しした場合に，これを承認しなかった他の共有者は，第三者に当然にはその明渡しを請求できない。

参考文献
*金山直樹・リマークス 19 号 22 頁
*中川淳・判評 481（判時 1661）号 18 頁
*西島幸夫・平成 10 年度主民解 54 頁

事例 18

I 事実関係

1 Dは，別紙物件目録㈠ないし㈣及び㈦ないし（一二）記載の各土地（以下「本件土地」という。別紙省略）を所有していた。

2 Dは，平成5年1月18日に死亡し，Dの子であるX_1，X_2，E及びFの4名が共同相続した。

3 平成5年1月25日，本件土地につき，同月18日相続を原因として，X_1，X_2，E及びFの各持分を4分の1とする所有権移転登記がされ，同日代物弁済を原因として，Yに対するE持分全部移転登記（以下「本件持分移転登記」という）がされた。

4 X_1らは，Eの生活状況からみて，代物弁済などするはずがないものと考えており，仮にしたとしても代物弁済は仮装のものであると考えていた。

II 問題

→ この事実関係の下において，X_1・X_2が，Yに対して訴訟を提起する場合における訴訟物，実体法，手続法上の問題点を説明せよ。

Ⅲ　判例の考え方

1　本問の事実関係においては，X_1，X_2の意向に照らすと，その意向を実現するためには，Yに対して，EからYへの本件土地の持分の譲渡は無効であると主張して，本件持分移転登記の抹消登記手続を請求することが考えられる。X_1らがこの請求をする場合の訴訟物としては，本件土地の共有持分権に基づく妨害排除を請求するものであると解することができる。

2　本問の事実関係においては，一見すると，仮に，EからYに対する持分の譲渡が無効であり，本件持分移転登記が真実に合致しない登記であるとしても，X_1らの持分権は何ら侵害されていないように思われる。このように考えると，X_1らの本件土地の共有持分権の妨害状態が生じていないことになり，X_1らは，その持分権に基づく保存行為として本件持分移転登記の抹消登記手続を請求することができないということになる。

3　しかし，不動産の共有者の1人は，その持分権に基づき，共有不動産に対して加えられた妨害を排除することができるところ，不実の持分移転登記がされている場合には，その登記によって共有不動産に対する妨害状態が生じているということができると解するのが相当である。前記*2*の見解は，共有不動産の妨害に関する解釈を誤ったものというべきである。

4　前記*3*の見解によって共有不動産の共有者が妨害排除を請求する場合において，共有者全員が訴訟を提起することが必要であるか（必要共同訴訟に当たるかどうか）が問題になるが，不動産の共有者の1人は，その持分権に基づき，共有不動産について全く実体上の権利を有しないのに持分移転登記を経由している者に対し，その持分移転登記の抹消登記手続を請求することができると解するのが相当であり，単独でこの請求をすることができると解するのが相当である。

したがって，本件については，EからYに対する本件土地の持分の譲渡が無効であれば，X_1，X_2は，それぞれ単独であったとしても，その請求

は認容されるべきものである。

Ⅳ　関連問題・参考判例・関連判例・参考文献

関連問題
→ 不動産登記の登記請求権の種類，各要件について説明せよ。

参考判例
＊最2小判平成 15・7・11 民集 57 巻 7 号 787 頁

関連判例
＊最1小判昭和 31・5・10 民集 10 巻 5 号 487 頁
→ 不動産の共有者の1人がその持分に基づき，当該不動産につき登記簿上所有名義者たる者に対してその登記の抹消を求めることは，妨害排除の請求であり，保存行為に当たる。また，不動産の共有権者の1人がその持分権に基づき所有名義人に対し登記の抹消を請求することは，保存行為に当たるから，各共同相続人は単独で登記の全部の抹消を請求することができる。

＊最3小判平成 10・3・24 判時 1641 号 80 頁（⇨事例 17）
→ 共有者の一部が他の共有者の同意を得ずに共有物を物理的に損傷したり改変するなど共有物に変更を加える行為をしている場合には，他の共有者は，各自の共有持分権に基づき，行為の全部の禁止を求めることができるだけでなく，特段の事情のある場合を除き，行為により生じた結果を除去して共有物を原状に復させることを求めることもできる。

参考文献
＊滝沢聿代・セレクト '03・15 頁
＊七戸克彦・平成 15 年度重判解 71 頁
＊山田誠一・法教 283 号 98 頁
＊関武志・判評 545（判時 1855）号 19 頁

事例 19

I 事実関係

1 YとAとは，昭和34年ころから内縁関係にあって，楽器指導盤の製造販売業を共同で営み，別紙目録（省略）記載の不動産を居住及び同事業のために共同で占有使用していた。

2 Aは昭和57年に死亡し，本件不動産に関する同人の権利は，同人の子であるXが相続により取得した。なお，Aの子はXのみであり，他に相続人はいなかった。

3 Yは，Aの死亡後，本件不動産を居住及び前記事業のために単独で占有使用している。

4 XとYとの間では，本件不動産の所有権の帰属をめぐる訴訟が係属し，Xは本件不動産がAの単独所有であったと主張し，YはAとの共有であったと主張して争っていたところ，同訴訟において，本件不動産はYとAとの共有財産であったことが認定され，Yがその2分の1の持分を有することを確認する旨の判決が確定した。

II 問題

→ 以上の事実関係の下，敗訴したXがYに対して金銭の給付を請求する訴訟を提起したが，その訴訟の概要を説明するとともに，予想される重要な争点について説明せよ（なお，消滅時効は本件訴訟では無関係である）。

Ⅲ 判例の考え方

1 本問の事実関係の下では，Xが提起した金銭の給付を請求する訴訟としては，XはYが本件不動産の持分2分の1のみを有しているにもかかわらず，本件不動産を単独で使用，収益していることから，賃料相当額の2分の1を不当に利得していると主張し，不当利得の返還を請求する訴訟を提起したものと考えられる。

本件では，Yは，本件不動産の共有持分2分の1を有するにすぎないが，もともと内縁関係にあった被相続人Aと共同して使用，収益していたから，Aの死亡後は本件不動産を単独で使用する権原を有するものではないかを重要な争点として取り上げることができる。

2 共有者は，共有物につき持分に応じた使用をすることができるにとどまり，他の共有者との協議を経ずに当然に共有物を単独で使用する権原を有するものではない。しかし，共有者間の合意により共有者の1人が共有物を単独で使用する旨を定めた場合には，この合意により単独使用を認められた共有者は，この合意が変更され，又は共有関係が解消されるまでの間は，共有物を単独で使用することができ，この使用による利益につき他の共有者に対して不当利得返還義務を負わないものと解される。内縁の夫婦がその共有する不動産を居住又は共同事業のために共同で使用してきたときは，特段の事情のない限り，両者の間において，その一方が死亡した後は他方がこの不動産を単独で使用する旨の合意が成立していたものと推認するのが相当である。けだし，このような両者の関係及び共有不動産の使用状況からすると，一方が死亡した場合に残された内縁の配偶者に共有不動産の全面的な使用権を与えて従前と同一の目的，態様の不動産の無償使用を継続させることが両者の通常の意思に合致するといえるからである。

3 これを本件についてみるに，内縁関係にあったYとAとは，その共有する本件不動産を居住及び共同事業のために共同で使用してきたというのであるから，特段の事情のない限り，この両名の間において，その一方が死

亡した後は他方が本件不動産を単独で使用する旨の合意が成立していたものと推認するのが相当である。

IV　関連問題・参考判例・関連判例・参考文献

関連問題
→ 使用貸借と賃貸借の違いを説明せよ。

参考判例
＊最1小判平成10・2・26民集52巻1号255頁

関連判例
＊最3小判昭和35・4・12民集14巻5号817頁
→ 妻の伯父が6畳と7畳（7畳は家屋所有者と共用）を使用し，毎月1000円を室代名義で支払っていても，同金員は室使用の対価ではなく謝礼であり，使用貸借である。

＊最1小判昭和41・10・27民集20巻8号1649頁
→ 建物の借主が建物に賦課される固定資産税を負担していても，この負担が建物の使用の対価であると認めるに足りる特段の事情がない限り，使用貸借である。

＊最3小判平成8・12・17民集50巻10号2778頁
→ 共同相続人の1人が相続開始前から被相続人の許諾を得て遺産である建物において被相続人と同居してきた場合には，特段の事情のない限り，被相続人と同居の相続人との間において，遺産分割により建物の所有関係が最終的に確定するまでは，引き続き同建物の使用貸借契約関係が存続する。

参考文献
＊右近健男・リマークス18号64頁
＊岡本詔治・判評477（判時1649）号49頁
＊吉田克己・平成10年度重判解86頁
＊村田渉・判例から学ぶ民事事実認定（ジュリ増刊・2006年）192頁

事例 20

I 事実関係

1 本件訴訟においては、Xは、Y_1 に対し、別紙目録（省略）㈡記載の建物（本件建物㈡）の収去及び別紙土地目録（省略）㈠,㈡記載の土地（本件各土地）のうち本件建物㈡の敷地部分の明渡し、同収去等までの間の地代相当額の金員の支払並びに本件各土地の登記済権利証の引渡しを、Y_2 に対し、別紙目録㈠記載の建物（本件建物㈠）の収去及び本件各土地のうち本件建物㈠の敷地部分の明渡し並びに同収去等までの間の地代相当額の金員の支払を、Y_3 に対し、本件建物㈠からの退去を、それぞれ請求している。

2 Xは、Aの妻であったが、その請求原因として、(1) Xの亡夫であるAが昭和31年12月25日及び同33年3月18日に国有林の払下げを受けて本件各土地を取得し、同59年12月4日にAが死亡したことによりXがこれを相続により取得した、(2) そうでないとしても、Bが前記各日に本件各土地の払下げを受け直ちにこれらをAに贈与し、Aの死亡によりXがこれらを相続取得した、などと主張している。AとXとの間には、子がいたが、Aの死亡による遺産分割の協議において、XがAの全遺産を相続した。

3 Y_1 らは、Xの所有権取得を争い、Y_1 は、本件各土地の払下げを受けてこれを取得したのはCであり、Y_2 は、本件各土地の払下げを受けてこれを取得したのはBであると主張している。

4 控訴審判決は、Xの前記(1)の主張事実のうちAが本件各土地の払下げ

を受けたことは認められず，前記(2)の主張事実のうち，本件各土地の払下げを受けてこれを取得したのがBであることは認められるが，BからAが贈与を受けたことは認められないとして，第1審判決のうちXの建物収去土地明渡し及び建物退去の請求を認めた部分を取り消して，この請求及び原審で拡張した本件各土地の登記済権利証の引渡請求を棄却し，同判決のうちXの金員支払の請求を棄却した部分に対するXの控訴を棄却する趣旨の判決をしている。

5　本件訴訟では，Y_1，Y_2は，共有物である本件各土地の各一部を単独で占有することができる権原につき特段の主張，立証はしていない。

6　本件では，前記の事実のほか，次の事実が認められる。
　「Bが昭和42年5月22日に死亡したこと，Bには妻C並びにA，Y_1及びY_2の3人の子があったこと，Aが同59年12月4日に，Cが平成4年5月24日に，それぞれ死亡したこと，Bが昭和29年ないし30年に本件建物㈠及び本件建物㈡を建築してこれらを取得した上，同42年4月ころにCにこれらを贈与し，同53年4月10日にCからY_2に本件建物㈠がY_1に本件建物㈡が各贈与されたことが認められる。」

Ⅱ　問　題

→ 以上の訴訟について，控訴審判決の法律的な問題点（民法上の問題点に限る）を指摘し，自己の見解を説明せよ。なお，民法の適用に当たっては，現在施行中の民法を前提とする。

Ⅲ 判例の考え方

1 本問の事実関係によると，Bが昭和42年5月22日に死亡したこと，Bには妻C並びにA，Y_1及びY_2の3人の子があったこと，Aが同59年12月4日に，Cが平成4年5月24日に，それぞれ死亡したこと，Bが昭和29年ないし30年に本件建物㈠及び本件建物㈡を建築してこれらを取得した上，同42年4月ころにCにこれらを贈与し，同53年4月10日にCからY_2に本件建物㈠がY_1に本件建物㈡が各贈与されたことが認められるというのであるから，特段の事情のない限り，Bの死亡に伴い，法定相続人の1人であるAが，Bにおいて国から払下げを受けた本件各土地の6分の1の持分を相続により取得したはずのものであるということができる。

2 XがAのこの持分を相続により取得したということになると，本件各土地の明渡請求等については，Xは，同様にB及びCの死亡に伴い本件各土地の持分を相続により取得した共有者であるY_1及びY_2に対して本件各土地の地上建物の収去及び本件各土地の明渡しを当然には請求することができないものである。また，同様に，Xは，Y_1に本件各土地の登記済権利証の引渡しを請求することやY_2の所有する本件建物㈠に居住しているY_3に対して退去を請求することもできないものというべきである。

3 しかしながら，本件では，Y_1及びY_2が共有物である本件各土地の各一部を単独で占有することができる権原につき特段の主張，立証のないものであるから，不当利得返還請求又は損害賠償請求については，Xは，Y_1らの占有によりXの持分に応じた使用が妨げられているということができ，Y_1及びY_2に対して，持分割合に応じて占有部分に係る地代相当額の不当利得金ないし損害賠償金の支払を請求することはできるものと解すべきである。

4 控訴審判決は，Y_1及びY_2による本件各土地の占有について，地代相当の不当利得の返還の請求，あるいは損害賠償の請求を全部又は一部認容

すべきであるにもかかわらず，これをすべて棄却した判断には誤りがあるということができる。

IV　関連問題・参考判例・関連判例・参考文献

関連問題
→ この事案について，占有権原としてどのような権利を主張することが考えられるかを説明せよ。

参考判例
＊最2小判平成12・4・7判時1713号50頁

関連判例
＊最1小判昭和41・5・19民集20巻5号947頁
→ 共有持分の価格が過半数を超える者は，共有物を単独で占有する他の共有者に対して当然にその明渡しを請求することができるものではなく，共同相続に基づく共有物の持分の価格が過半数を超える者であっても，同様である。

＊最3小判平成8・12・17民集50巻10号2778頁
→ 共同相続人の1人が相続開始前から被相続人の許諾を得て遺産である建物において被相続人と同居してきた場合には，特段の事情のない限り，被相続人と同居の相続人との間において，遺産分割により建物の所有関係が最終的に確定するまでは，引き続き同建物の使用貸借契約関係が存続する。

＊最1小判平成10・2・26民集52巻1号255頁（⇨事例19）
→ 共有者間の合意により共有者の1人が共有物を単独で使用する旨を定めた場合，この合意により単独使用を認められた共有者は，共有物を単独で使用することができ，使用による利益について他の共有者に対して不当利得返還義務を負わない。

参考文献
＊笠井正俊・リマークス23号124頁
＊小野秀誠・判評504（判時1731）号16頁
＊日野浩一郎・平成12年度主民解54頁
＊岡庭幹司・平成12年度重判解113頁

事例 21

I 事実関係

1 Yは，魚の養殖業を営んでいたものであり，平成20年12月9日及び平成21年2月25日，X（農林中金）との間で，別紙（省略）記載の各養殖施設（以下「本件養殖施設」という。）及び本件養殖施設内の養殖魚について，Xを譲渡担保権者，Yを譲渡担保権設定者とし，XがYに対して有する貸金債権を被担保債権とする譲渡担保権設定契約を締結した（以下，同契約により設定された譲渡担保権を「本件譲渡担保権」という）。その設定契約においては，Yが本件養殖施設内の養殖魚を通常の営業方法に従って販売できること，その場合，Yは，これと同価値以上の養殖魚を補充することなどが定められていた。

2 平成21年8月上旬ころ，本件養殖施設内の養殖魚2510匹が赤潮により死滅し，Yは，Z共済組合との間で締結していた漁業共済契約に基づき，Z共済組合に対し，同養殖魚の滅失による損害をてん補するために支払われる共済金に係る漁業共済金請求権（以下「本件共済金請求権」という）を取得した。

3 Yは，上記の赤潮被害発生後，Xから新たな貸付けを受けられなかったため，同年9月4日，養殖業を廃止した。

4 Xは，同年10月23日，本件譲渡担保権の実行として，本件養殖施設及び本件養殖施設内に残存していた養殖魚を売却し，その売却代金をYに対する貸金債権に充当した。

5　Xは，平成22年1月29日，K地方裁判所に対し，上記の充当後の貸金残債権を被担保債権とし，本件譲渡担保権に基づく物上代位権の行使として，本件共済金請求権の差押えの申立てをした。同年2月3日，K地方裁判所は，同申立てに基づき債権差押命令を発付した。

Ⅱ　問　題

→ 以上の事実関係において本件の主要な争点を取り上げ，説明せよ。

Ⅲ　判例の考え方

1　本問の事実関係に照らすと，本件は，構成部分の変動する集合動産を目的とする集合物譲渡担保権者であるXが，譲渡担保権に基づく物上代位権の行使として，担保の目的である養殖魚の滅失により譲渡担保権設定者であるYが取得した本件共済金請求権の差押えの申立てをした事件であり，主要な争点になったのは，本件譲渡担保権の効力が本件共済金請求権に及ぶかどうかであると考えられる。

2　構成部分の変動する集合動産を目的とする集合物譲渡担保権は，譲渡担保権者において譲渡担保の目的である集合動産を構成するに至った動産（以下「目的動産」という）の価値を担保として把握するものであるから，その効力は，目的動産が滅失した場合にその損害をてん補するために譲渡担保権設定者に対して支払われる損害保険金に係る請求権に及ぶと解するのが相当である。もっとも，構成部分の変動する集合動産を目的とする集合物譲渡担保契約は，譲渡担保権設定者が目的動産を販売して営業を継続することを前提とするものであるから，譲渡担保権設定者が通常の営業を継続している場合には，目的動産の滅失により上記請求権が発生したとしても，これに対して直ちに物上代位権を行使することができる旨が合意されているなどの特段の事情がない限り，譲渡担保権者が当該請求権に対して物上代位権を行使することは許されないというべきである。

3　これを本件についてみると，本問の事実関係によれば，Xが本件共済金請求権の差押えを申し立てた時点においては，Yは目的動産である本件養殖施設及び本件養殖施設内の養殖魚を用いた営業を廃止し，これらに対する譲渡担保権が実行されていたというのであって，Yにおいて本件譲渡担保権の目的動産を用いた営業を継続する余地はなかったというべきであるから，Xが，本件共済金請求権に対して物上代位権を行使することができることは明らかである。

Ⅳ 関連問題・参考判例・関連判例・参考文献

関連問題
→ 集合物の譲渡担保権設定契約の主要な有効要件を説明せよ。

参考判例
*最1小決平成22・12・2民集64巻8号1990頁

関連判例
*最1小判昭和54・2・15民集33巻1号51頁
→ 構成部分の変動する集合動産については，何らかの方法で目的物の範囲が特定される場合には1個の集合物として譲渡担保の目的となり得る。

*最3小判昭和62・11・10民集41巻8号1559頁
→ 集合物譲渡担保権の設定者がその構成部分である動産の占有を取得したときは譲渡担保権者が占有改定の方法によって現に存在する動産の占有を取得した場合には，譲渡担保権者は譲渡担保権につき対抗要件を具備し，その効力は，新たにその構成部分となった動産を包含する集合物について及ぶ。

*最1小判平成18・7・20民集60巻6号2499頁
→ 1 重複して譲渡担保を設定すること自体は許されるが，劣後する譲渡担保に独自の私的実行の権限を認めることはできない。
  2 構成部分の変動する集合動産を目的とする譲渡担保において，譲渡担保設定者が，その通常の営業の範囲内で，譲渡担保の目的を構成する動産を処分した場合には，処分の相手方は，当該動産につき譲渡担保の拘束を受けることなく確定的に所有権を取得できる。
  3 設定者が通常の営業の範囲を超える売却処分をした場合，譲渡担保の目的である集合物から離脱したと認められる場合でない限り，処分の相手方は目的物の所有権を承継取得できない。

参考文献
*田髙寛貴・金判1372号2頁
*小山泰史・判評632（判時2120）号16頁
*門口正人・金法1930号46頁

＊森田修・金法 1930 号 54 頁
＊古積健三郎・民商 145 巻 1 号 52 頁
＊片山直也・金法 1929 号 29 頁
＊古積健三郎・リマークス 44 号 22 頁
＊占部洋之・平成 23 年度重判解 72 頁

事例 22

I 事実関係

買戻特約付売買の目的物（土地）に根抵当権が設定された場合について，XがYに対して配当表の変更を請求する訴訟を提起し，次のように主張している。

「土地の買戻特約付売買において買戻権が行使されたことにより買主が取得した買戻代金債権について，買主から同土地につき根抵当権の設定を受け，その旨の登記を経由したYが物上代位権の行使として差押えと買主の債権者Xが同登記の後にした差押えとが競合し，供託された買戻代金の配当手続において，Yによる差押えが優先するとして配当表が作成されたが，Yが買戻しにより同根抵当権が消滅したことを理由に買戻代金債権に対する物上代位権を行使することは許されない。」

II 問題

→ このXの主張の当否につき説明せよ。

Ⅲ 判例の考え方

　本件訴訟の内容は，本問の事実関係に照らすと，根抵当権の目的物である土地につき買戻特約付売買がされ，その後に買戻権が行使されたことにより買主が取得した買戻代金債権について，買主からその土地の根抵当権の設定を受け，その旨の登記を経由したＹが物上代位権の行使として差押えをし，買主の債権者Ｘがその登記の後にした差押えとが競合し，供託された買戻代金の配当手続において，Ｙが優先するとして配当表が作成されたことから，ＸがＹに対して配当異議の訴えを提起したものと解することができる。Ｘの主張は，Ｙが買戻しにより同根抵当権が消滅したことを理由に買戻代金債権に対する物上代位権を行使することが許されないかどうかであり，このような物上代位権の行使の可否が争点となっているものである。なお，前記根抵当権が消滅したとＸが主張しており，買戻しの特約については，売買契約と同時に登記をしたときに，買戻しを第三者に対抗することができる（民法581条）とされていることに照らすと，本件では，買戻しの特約が登記されているものということができる（根抵当権の設定は，その後にされている）。

　このような物上代位権の行使の可否を検討するに，買戻特約付売買の買主から目的不動産につき抵当権の設定を受けた者は，抵当権に基づく物上代位権の行使として，買戻権の行使により買主が取得した買戻代金債権を差し押さえることができると解するのが相当である（民法372条，304条）。

　このように考える理由は，買戻特約の登記に後れて目的不動産に設定された抵当権は，買戻しによる目的不動産の所有権の買戻権者への復帰に伴って消滅するが，抵当権設定者である買主やその債権者等との関係においては，買戻権行使時まで抵当権が有効に存在していたことによって生じた法的効果までが買戻しによって覆滅されることはないと解すべきであり，また，買戻代金は，実質的には買戻権の行使による目的不動産の所有権の復帰についての対価と見ることができ，目的不動産の価値変形物として，民法372条により準用される304条にいう目的物の売却又は滅失によって債務者が受けるべき金銭に当たるといって差し支えないからである。

　したがって，本問のＸの主張は，不当であるというべきである。

Ⅳ 関連問題・参考判例・関連判例・参考文献

関連問題
→ 不動産の売買における買戻しの特約の法的な効果を説明せよ。

参考判例
＊最3小判平成11・11・30民集53巻8号1965頁

関連判例
＊最3小判昭和35・4・26民集14巻6号1071頁
→ 買戻権が登記されていなかった場合，買戻権の譲渡を買主に対抗するには，これに対する通知又は承諾を必要とする。

＊最3小判平成18・2・7民集60巻2号480頁
→ 買戻特約付売買契約の形式が採られていても，目的不動産の占有の移転を伴わない契約は，特段の事情のない限り，債権担保の目的で締結されたものと推認され，その性質は譲渡担保と解するのが相当である。

参考文献
＊山野目章夫・民商123巻3号133頁
＊角紀代恵・リマークス22号26頁
＊吉田邦彦・判評501（判時1721）号26頁

事例 **23**

Ⅰ 事実関係

1 Y_1 は，平成4年7月20日，Xに対し，5097万円を，利息を年6.85％，損害金を年15％の割合とし，同年8月以降毎月末日の前日限り53万1596円ずつ元利均等払により返済し，上記支払を2か月分以上怠ったときは期限の利益を喪失するとの約定で貸し渡した。

Xは，同日，Y_1 に対し，上記貸付金を被担保債権として，その所有する別紙物件目録（省略）記載㈠ないし㈢の土地と同記載㈣の建物（以下，「本件建物」といい，上記各土地と一括して「本件不動産」という）を譲渡担保に供し，売買を原因とする所有権移転登記を経由した。

2 Xは，平成4年12月29日を最後に上記貸付金の返済を怠ったため期限の利益を喪失し，Y_1 は，同5年4月14日，Y_2 に対し，本件不動産を売り渡し，その旨の所有権移転登記を経由した。

3 Xは，上記*2*のとおり Y_1 が本件不動産を処分したことにより，これらの所有権を確定的に失うとともに，Y_1 に対し，清算金の支払請求権を取得したとの見解もある。この見解によると，その金額は，1447万9376円である。

4 Xは本件建物を占有している。

Ⅱ 問 題

→ この事案について，Xは，どのような内容の請求の訴訟を提起することができるか，Y_2は，反訴としてどのような内容の請求の訴訟を提起することができるか，それぞれの問題点を簡潔に紹介しつつ，説明せよ。

Ⅲ 判例の考え方

1 本問の事実関係をみると，Xとしては，本件不動産につきなされた所有権移転登記の抹消を求めたいと考えるところであり，譲渡担保に供された本件不動産についてのY₁による処分の効力を争う余地があるから，まず，本件不動産の所有権につき所有権移転登記による侵害を主張し，Y₁，Y₂に対して，本件不動産につき各自が経由した所有権移転登記の抹消登記手続を請求することが考えられる。もっとも，本件不動産は，Y₁に譲渡担保され，Y₁がY₂に売却しているところであり，本件所有権の不動産の所有権を確定的に失っているとも考えられるから，この抹消登記手続請求のほかに，予備的に，本件不動産の清算金の支払を請求することが考えられる。この予備的請求は，Y₁に対して請求するものであり，具体的には，本件不動産の清算金及びこれに対する本問の譲渡担保権実行の日の翌日である平成5年4月15日から支払済みまで民法所定の年5分の割合による遅延損害金の支払を請求するものである。

2 他方，Y₂は，反訴請求として，本件不動産をXが現在も占有していることから，Xに対して本件建物の明渡し及び賃料相当損害金の支払を請求することが考えられる。このようなY₂の請求は，民事訴訟法146条所定の反訴の要件を満たすものである。

Xは，Y₂のこのような反訴につき，抗弁として，Y₁に対する清算金及びこれに対する遅延損害金の支払請求権を被担保債権とする留置権を主張することが考えられる。譲渡担保権の実行として譲渡された不動産を取得した者から当該不動産の明渡しが請求された場合において，譲渡担保権設定者が清算金支払請求権に基づく留置権を行使することができるかについては，議論があるが，留置権を行使することができると解するのが相当である（判例）。

3 本件の上記のような本訴，反訴の状況においては，Xの本訴請求のうち主位的請求は理由がなく，棄却すべきものとしても，Xの予備的請求は，

Xの清算金支払請求権については，Y_1は，Xが清算金支払請求権を取得した日の翌日から本件清算金支払債務につき履行遅滞の責任を負うものとして，予備的請求を認容するとともに，Y_2の反訴請求については，Xに対し，Y_1から本件清算金及び遅延損害金の支払を受けるのと引換えに，本件建物をY_2に明け渡すよう命ずる限度で理由があるとの見解もないではない。

4 しかし，譲渡担保権の実行に伴って譲渡担保権設定者が取得する清算金請求権と譲渡担保権者の譲渡担保契約に基づく当該譲渡担保の目的不動産についての引渡しないし明渡しの請求権とは同時履行の関係に立ち，譲渡担保権者は，譲渡担保権設定者から上記引渡しないし明渡しの債務の履行の提供を受けるまでは，自己の清算金支払債務の全額について履行遅滞による責任を負わないと解するのが相当である（判例）。

したがって，本件では，Xが本件建物の明渡債務につき履行の提供をしたかどうかが重要であるところ，この履行の提供がされたことの主張立証がない場合には，Y_1が本件清算金の支払債務につき履行遅滞の責任を負って本件清算金に対する遅延損害金が発生することはないというべきである。

そうすると，この立場によると，上記の *3* の見解は，Xの本件清算金に対する遅延損害金の請求を認容すること及びY_2の本件建物明渡請求を本件清算金だけでなくこれに対する遅延損害金との引換給付とする限度で認容することは，判例に反するというべきものである。

このように考えると，XのY_1に対する請求は，本件清算金の支払を求める限度で理由があり，これに対する遅延損害金の請求は棄却すべきものであるとともに，Y_2のXに対する建物明渡等請求については，XがY_1から本件清算金のみの支払を受けることとの引換給付とする限度で認容するのが相当である。

Ⅳ 関連問題・参考判例・関連判例・参考文献

関連問題

→ 譲渡担保において，債務の弁済と目的物の返還はどのような関係に立つかを説明せよ。譲渡担保における清算の基準時はいつかを説明せよ。

参考判例

＊最1小判平成15・3・27金法1702号72頁

関連判例

＊最1小判昭和46・3・25民集25巻2号208頁
→ 譲渡担保権者が譲渡担保権の実行として債務者に目的不動産の引渡しを求めたときは，債務者は清算金の支払と引換えとなることを主張でき，特段の事情のある場合を除き，債権者の請求は，債務者への清算金の支払と引換えにのみ認容される。

＊最2小判平成9・4・11裁時1193号175頁
→ 不動産を目的とする譲渡担保権が設定されている場合には，譲渡担保権者が譲渡担保権の実行として目的不動産を第三者に譲渡したときは，譲渡担保権設定者は，第三者又は同人から更に当該不動産の譲渡を受けた者からの明渡請求に対し，譲渡担保権者に対する清算金支払請求権を被担保債権とする留置権を主張することができる。

参考文献

＊荒木新五・判タ1150号100頁

事例 24

I 事実関係

1 Xは，その所有する別紙目録（省略）記載の土地（本件土地）をAに賃貸し，Aは，本件土地上に同目録記載の建物（本件建物）を所有して，これに居住していた。なお，本件建物の登記簿上の所有名義人は，Aの父であるBとなっていた。

2 Aは，平成元年2月，本件建物を譲渡担保に供してCから1300万円を借り受けたが，同月21日，Bをして，本件建物を譲渡担保としてCに譲渡する旨の譲渡担保権設定契約書及び登記申請書類に署名押印させ，これらをCに交付した。Cは，同日，Aから交付を受けた登記申請書類を利用して，本件建物につき，代物弁済予約を原因としてCを権利者とする所有権移転請求権仮登記を経由するとともに，売買を原因として所有名義人をCの妻であるDとする所有権移転登記を経由した。

3 Aは，同月，本件建物から退去して転居したが，その後は，Xに対して何の連絡もせず，Cとの間の連絡もなく，行方不明となっている。

4 Yは，同年6月10日，E有限会社の仲介で本件建物を賃借する契約を締結して，それ以後，本件建物に居住している。この賃貸借契約書には，契約書前文に賃貸人としてAとCの両名が併記され，末尾に「賃貸人A」「権利者C」と記載されているが，賃料の振込先としてCの銀行預金口座が記載されており，また，この契約書に添付された重要事項説明書には，本件建物の貸主及び所有者はCと記載され，E会社はCの代理人と記載さ

れている。

5 本件土地の地代は，従前はAがX方に持参して支払っていたところ，Aが本件建物から退去した後は，同年3月にCからXの銀行預金口座に振り込まれ，これを不審に思ったXがCの口座にこの振込金を返還すると，同年4月から12月までCからA名義で振り込まれた。

6 Xは，本件建物につきD名義への所有権移転登記がされていることを知り，Dに対し，平成2年4月13日到達の内容証明郵便により，本件建物を収去して本件土地を明け渡すよう求めたところ，Cは，同年5月14日，D名義へのこの所有権移転登記を錯誤を原因として抹消した。

7 Xは，Aに対して，平成4年7月16日に到達したとみなされる公示による意思表示により，賃借権の無断譲渡を理由として本件土地の賃貸借契約を解除した。

Ⅱ　問　題

→ 以上の事実関係の下，XがYに対して提起した訴訟の訴訟物を説明するとともに，Yの主張する抗弁の内容と当否を説明せよ。

Ⅲ　判例の考え方

1　本問の事実関係によると，本件訴訟は，本件土地の所有権を有するXが本件土地上に建築された本件建物の占有者であるYに対して提起した訴訟であり，Xは，Yに対して本件土地の所有権に基づき本件建物からの退去，本件土地の明渡しを請求したものと考えられる。

2　本件訴訟においては，Yは，本件土地の占有権原があることを抗弁として主張することが考えられるところ，この場合，まずXとAとの間の本件土地の賃貸借契約の締結，A又はCとの間の本件建物の賃貸借契約の締結を抗弁として主張することが想定されるが，本問の事実関係の下では，XによってXとAとの間の本件土地の賃貸借契約が無断譲渡によって解除されていることから，この解除原因の有無，解除の当否が問題になるということができる。

3　本問の事実関係の下においては，Cは，Aに1300万円を貸し付け，貸金債権を担保するために本件建物に譲渡担保権の設定を受け，貸金の利息としてYから本件建物の賃料を受領している可能性が大きいということができるから，Cが本件建物の所有権を終局的，確定的に取得したものと認めることができないし，Cが譲渡担保権を実行したものではないから，本件建物の所有権の確定的譲渡はいまだされていないとして，本件土地の賃借権も，Cに終局的，確定的に譲渡されていないものであり，本件土地について，民法612条所定の解除の原因である賃借権の譲渡がされたものとはいえず，Xの本件賃貸借契約解除の意思表示は，その効力を生じないと解することもできなくはない。

4　ところで，借地人が借地上に所有する建物につき譲渡担保権を設定した場合には，建物所有権の移転は債権担保の趣旨でされたものであって，譲渡担保権者によって担保権が実行されるまでの間は，譲渡担保権設定者は受戻権を行使して建物所有権を回復することができるのであり，譲渡担保

権設定者が引き続き建物を使用している限り，この建物の敷地について民法612条にいう賃借権の譲渡又は転貸がされたと解することはできない（判例）。

　しかし，地上建物につき譲渡担保権が設定された場合であっても，譲渡担保権者が建物の引渡しを受けて使用又は収益をするときは，いまだ譲渡担保権が実行されておらず，譲渡担保権設定者による受戻権の行使が可能であるとしても，建物の敷地について民法612条にいう賃借権の譲渡又は転貸がされたものと解するのが相当であり，他に賃貸人に対する信頼関係を破壊すると認めるに足りない特段の事情のない限り，賃貸人は同条2項により土地賃貸借契約を解除することができるものというべきである。

　けだし，①民法612条は，賃貸借契約における当事者間の信頼関係を重視して，賃借人が第三者に賃借物の使用又は収益をさせるためには賃貸人の承諾を要するものとしているのであって，賃借人が賃借物を無断で第三者に現実に使用又は収益させることが，正に契約当事者間の信頼関係を破壊する行為となるものと解するのが相当であり，②譲渡担保権設定者が従前どおり建物を使用している場合には，賃借物たる敷地の現実の使用方法，占有状態に変更はないから，当事者間の信頼関係が破壊されるということはできないが，③譲渡担保権者が建物の使用収益をする場合には，敷地の使用主体が替わることによって，その使用方法，占有状態に変更を来し，当事者間の信頼関係が破壊されるものといわざるを得ないからである。

5　これを本件についてみるに，本問の事実関係によれば，Cは，Aから譲渡担保として譲渡を受けた本件建物をYに賃貸することによりこれの使用収益をしているものと解されるから，AのCに対する本件建物の譲渡に伴い，その敷地である本件土地について民法612条にいう賃借権の譲渡又は転貸がされたものと認めるのが相当である。本件において，仮に，Cがいまだ譲渡担保権を実行しておらず，Aが本件建物につき受戻権を行使することが可能であるとしても，この判断は左右されない。

6　そうすると，特段の事情の認められない本件においては，Xの本件賃貸

借契約解除の意思表示は効力を生じたものというべきである。

IV 関連問題・参考判例・関連判例・参考文献

関連問題
→ 民法612条2項を適用して賃貸借契約を解除する場合の解除原因となる要件を的確に説明せよ。

参考判例
＊最1小判平成9・7・17民集51巻6号2882頁

関連判例
＊最3小判昭和38・10・15民集17巻9号1202頁
→ 僧侶個人が住居兼説教所所有のために賃借使用して来た土地を本拠として宗教法人たる寺院が設立され，建物が同法人の所有に移された場合，敷地の賃貸借につき民法第612条による解除権は発生しない。

＊最1小判昭和44・4・24民集23巻4号855頁
→ 夫は宅地を賃借し妻はその地上に建物を所有して同居生活をしていた夫婦の離婚に伴い，夫が妻へ借地権を譲渡した場合，賃貸人に対する背信行為とは認められない特別の事情がある。

＊最2小判平成8・10・14民集50巻9号2431頁
→ 賃借人である小規模で閉鎖的な有限会社において，持分の譲渡及び役員の交代により実質的な経営者が交代した場合，民法612条にいう賃借権の譲渡には当たらない。

参考文献
＊円谷峻・リマークス18号48頁
＊道垣内弘人・平成9年度重判解77頁

事例 25

I　事実関係

1　Aは，Bから，同人の所有する別紙物件目録（省略）記載の土地（以下「本件土地」という）を含む都内甲区所在の土地を賃借していたが，Bの死亡により，その相続人であるCとの間で，昭和49年5月23日ころ，改めて本件土地につき賃貸借契約を締結した。

2　Aは，昭和51年5月ころ，本件土地上に別紙物件目録記載の建物（以下「本件建物」という）を建築することとし，前妻との間の子であるD名義で建築確認申請をし，同年6月22日に建築確認通知を受けた後，同年11月ころ本件建物を完成した。

　昭和52年2月28日，本件建物は，家屋補充課税台帳にDを所有者として登録された。

　以後，Aは，本件建物につき課税された固定資産税をDの名義で支払い，前記家屋補充課税台帳への登録を事後的に承認していた。

3　本件建物について，昭和62年4月17日，Dを所有者とする所有権保存登記（以下「本件保存登記」という）がされた。

　本件保存登記は，Dにおいて，その所有権を証する書面として，建築請負人であるE株式会社の建築工事完了引渡証明書，工事代金領収書（再発行分）及び取締役会議事録とともに，固定資産税課税台帳登録事項証明書を提出してその手続をしたものであり，Aの知らないうちにされたものである。Aは，Dが本件建物の登記名義を有することについては，これを黙示的にせよ承認したことはない。

4　Dは，昭和62年10月26日，本件建物につき，Aの五女Fの夫であるGに対し，同月23日売買を原因とする所有権移転登記手続をした。

5　Gは，昭和62年10月26日，本件建物につき，Hとの間で根抵当権設定契約を締結し，権利者をH，極度額を1000万円，債権の範囲を金銭消費貸借取引，手形債権，小切手債権とする根抵当権設定登記手続をした。Hは，本件保存登記及びG名義の所有権移転登記を信頼したことにつき善意無過失であった。

6　Hは，前記根抵当権に基づき，平成2年3月ころ，T地方裁判所に本件建物の不動産競売の申立てをし，同月20日に不動産競売開始決定がされた。

　Y株式会社は，平成6年11月15日，前記不動産競売申立事件において，本件建物を買い受け，その後，その旨の所有権移転登記手続をした。

7　Xは，昭和53年5月2日にAと婚姻した。Aは，平成元年5月2日，Xに対し，本件土地の賃借権を含む財産を贈与した。

8　Xは，Yに対し，本件建物の敷地である本件土地について有する賃借権に基づき，訴訟の提起を考えている。

Ⅱ　問　題

→ この事案について，XのYに対して提起する訴訟の訴訟物を説明するとともに，主要な争点を指摘し，自己の考え方を説明せよ。

Ⅲ 判例の考え方

1 本問の事実関係によると，Aは，本件土地につき建物所有を目的とする賃借権（借地権）を有するものであったが，Xは，本件土地の借地権を贈与されているものであるから，本件土地上に存在する本件建物の所有名義を有するYに対しては，本件建物の収去，本件土地の明渡し，使用料相当額の損害賠償を請求する意向をもつということができる。この場合，Xは，本件土地の明渡しについては，借地権に基づき妨害排除請求権を行使すると考える余地はあるが，本件土地の所有者Cに債権者代位し，Cの所有権に基づく返還請求権を行使するものと考えることが通常である。

　本件では，XがYに対して本件土地の明渡請求をする場合の訴訟物は，Cの所有権に基づく物権的返還請求権である本件土地の返還請求権（本件建物の収去，本件土地の明渡請求権）であると解することが合理的である。なお，本問では，Yの本件土地の使用につき使用料相当額の損害賠償請求権も訴訟物として指摘することができる。

2 ところで，本件では，Aは，もともと本件建物を建築し，その所有権を取得したものの，その名義をDにしていたところ，Dが無断で本件保存登記を得たものであるのに対し，Dが本件建物をGに売却し，Gが善意無過失のHに根抵当権を設定したことから，根抵当権の実行による競売手続で本件建物を買い受けたYが有効に本件建物の所有権を取得するかとともに，本件建物の所有権に付随する本件土地の借地権も取得したことになるかが問題になる。

3 確かに，D名義の不実の登録を利用することによって初めて不実の保存登記という虚偽の外観が作出されたのであるから，前記不実の登録名義の作出に関与し，これを承認していたAは，その後にされた本件保存登記を承認していなかったとしても，民法94条2項，110条の法意により，本件保存登記を信頼した善意無過失の第三者であるHに対しては，Dに所有権がないことを対抗し得ず，したがって，Hの根抵当権の実行によって本

件建物の買受人となったYに対しても，Dが本件建物の所有者でないことをもって対抗できないこととなり，Yは，前記の買受けにより，本件建物の所有権を取得したこととなる。

　また，これを踏まえて検討すると，建物を所有するために必要な敷地の賃借権は，建物所有権の従たる権利としてこれに付随し，これと一体となって一の財産的価値を形成しているものであるから，建物に設定された根抵当権の効力は原則としてその敷地の賃借権にも及ぶものと解すべきであり，土地の賃借人所有の地上建物に設定された根抵当権の実行により，買受人がその建物の所有権を取得したときには，従前の建物所有者との間においては，特段の事情のない限り，同建物の敷地の賃借権も買受人に移転するものである。この理は，真実の建物所有者で，その敷地の賃借人である者が，その建物の不実の保存登記を利用され，所有権移転登記を経由した建物に設定された根抵当権の実行による買受人に対し，民法94条2項，110条の類推適用により，建物所有権をもって対抗することができない場合も同様であると解することができ，そうすると，本件では，本件保存登記及びDからGへの所有権移転登記を信頼したことにつき過失がなかったHの取得した根抵当権の効力は，本件建物のみならず，本件土地の賃借権にも及んでいるから，その後の前記の根抵当権の実行に基づく競売によって，買受人であるYは，本件建物の所有権を取得したのみならず，本件土地の賃借権をも確定的に取得し，一方，Xは，前記賃借権を喪失したとの構成も一応考えられないではなかろう。

4　しかしながら，土地賃借人がその土地上に所有する建物について抵当権を設定した場合には，原則として，前記の抵当権の効力は当該土地の賃借権に及び，前記の建物の買受人と土地賃借人との関係においては，前記の建物の所有権とともに土地の賃借権も買受人に移転するものと解するのが相当であるが（判例），建物について抵当権を設定した者がその敷地の賃借権を有しない場合には，前記の抵当権の効力が敷地の賃借権に及ぶと解する理由はなく，前記の建物の買受人は，民法94条2項，110条の法意により建物の所有権を取得することとなるときでも，敷地の賃借権自体に

ついても前記の法意により保護されるなどの事情がない限り，建物の所有権とともに敷地の賃借権を取得するものではないというべきである。

　これを本件についてみると，D及びGは本件土地に賃借権を有するものではなく，本件建物はそのことを前提にして競売されたものであって，Yは，Gが本件建物について設定した根抵当権に基づく不動産競売手続において，本件建物の所有権とともに本件土地の賃借権を取得する理由がないものである。他方，本問の事実関係によれば，Aは前記の賃借権をXに贈与したというのであり，Y側において，本件土地の賃借権について民法94条2項，110条の法意により保護されるべき事情が存することはうかがわれない。

　したがって，本件土地の賃借権者はXであり，本件土地の所有者の所有権に基づく返還請求権を代位行使することにより本件建物を収去して本件土地を明け渡すことを求めるXの請求は理由があるということができる。

Ⅳ　関連問題・参考判例・関連判例・参考文献

関連問題
→ 民法94条2項所定の善意の第三者について制限があるかを説明せよ。

参考判例
＊最3小判平成12・12・19判時1737号35頁

関連判例
＊最3小判昭和40・5・4民集19巻4号811頁
→ 抵当建物の敷地の賃借権は，原則として建物抵当権の効力の及ぶ目的物に包含され，賃借地上の建物が抵当権の実行により競落された場合には，特段の事情のない限り，建物敷地の賃借権も，旧建物所有者との関係では，競落人に移転する。

＊最1小判平成18・2・23民集60巻2号546頁
→ 不動産の所有者甲が合理的な理由もないのに乙に登記済証を預けたままにし，乙に印鑑登録証明書を交付し，乙が甲の面前で甲の実印を登記申請書に押捺するのを

漫然と見ていたなど，甲の余りにも不注意な行為によって甲から乙への所有権移転登記がなされた場合，甲は，乙が所有権を取得していないことを善意無過失の第三者に主張することができない。

＊最2小判平成 15・6・13 判時 1831 号 99 頁

➡ 不動産の所有者が交付した登記済証，白紙委任状，印鑑登録証明書等が利用され，当該不動産につき不実の所有権移転登記がなされても，同人が虚偽の外観の作出につき何ら積極的な関与をしておらず，また，不実登記を放置していたとみることもできない場合，所有権が移転していないことを善意無過失の第三者に対抗し得る。

参考文献

＊武川幸嗣・法教 251 号 127 頁
＊磯村保・セレクト '01・15 頁
＊中舎寛樹・リマークス 24 号 18 頁

事例 26

I 事実関係

1 X株式会社は，Y株式会社との間で，昭和58年10月4日，Aホテル新築工事を報酬9800万円，引渡期限を昭和59年2月28日として請け負う旨の契約を締結し，請負人がその責めに帰すべき事由により目的物の引渡しを遅滞したときは1日につき契約額の1000分の1に相当する遅延損害金を支払い，注文者が報酬の支払を遅滞したときは1日につき支払遅滞額の1000分の1に相当する遅延損害金を支払う旨約定した。

2 本件工事の進行中に2回にわたって追加工事が行われ，その報酬額は第1回追加工事については641万2950円，第2回追加工事については152万3970円である。

3 前記*1*の引渡期限はその後延長されたが，X会社は，延長された引渡期限に34日遅れて，昭和59年4月17日，前記追加工事を含めた本件工事を完成させて建物をY会社に引き渡した。引渡しの遅延による前記*1*の約定に基づくX会社のY会社に対する損害賠償債務の額は，333万2000円である。

4 Y会社は，X会社に対し，報酬のうち8000万円を支払ったのみで，残金2593万6920円の支払をしない。

5 本件工事の目的物である建物には，(1) 3号客室敷居の木材のねじれ，化粧土台のゆがみ及び化粧建具の調整不良等の瑕疵，(2) 2階の浴室のゴム

シート防水工事及び1階の浴室の床下土間コンクリート打設工事未施工の瑕疵が存在し、その修補に要する費用は、(1)の瑕疵につき5万1500円、(2)の瑕疵につき1560万9000円である。

6　X会社は、Y会社に対して、前記請負代金残額の支払を求める訴訟を提起した。X会社の本訴請求は、Y会社に対して既払分を除いた報酬残債権2593万6920円及びこれに対する建物引渡しの日の翌日である昭和59年4月18日から支払済みまで約定の1日につき1000分の1の割合による遅延損害金の支払を求めるものである。

7　Y会社は、昭和59年11月1日の第1審第1回口頭弁論期日において、前記3の履行遅滞による損害賠償債権及び前記5(1)の瑕疵修補に代わる損害賠償債権を自働債権として、X会社の本訴請求債権とその対当額において相殺する旨の意思表示をし、平成3年3月4日の控訴審第6回口頭弁論期日において、前記5(2)の瑕疵修補に代わる損害賠償債権を自働債権として、X会社の本訴請求債権とその対当額において相殺する旨の意思表示をした。

8　控訴審は、次のような判断を示した。
　(1)　Y会社は、X会社に対し、前記3及び5(1)、(2)の合計1899万2500円の損害賠償債権を有するから、X会社の報酬債権は、前記7の相殺によりその対当額が消滅した。
　(2)　相殺の意思表示は、双方の債務が互いに相殺をするに適する時点にさかのぼってその効力を生ずるところ、自働債権であるY会社のX会社に対する前記3の履行遅滞による損害賠償債権は、建物の引渡しがされた昭和59年4月17日までに期限の定めのない債権として発生し、その発生の時から弁済期にあると認められ、同じく自働債権であるY会社のX会社に対する瑕疵修補に代わる損害賠償債権も、この引渡しのされた昭和59年4月17日に期限の定めのない債権として発生し、その発生の時から弁済期にあると認められ、他方、受働債権であるX会社のY会社に対する報

酬債権は，この引渡しのされた昭和59年4月17日に弁済期が到来したと認められるから，前記相殺の意思表示は，相殺適状になった昭和59年4月17日にさかのぼってその効力を生じた。

(3) 相殺後の報酬残債務は，前記相殺適状になった日の翌日から遅滞に陥る。

Ⅱ 問　題

→ 以上の事実関係の下において，控訴審判決の判断の問題点を指摘し，その当否を説明せよ。

Ⅲ　判例の考え方

1　本問の事実関係に照らし，控訴審判決の判断をみると，XのYに対する報酬債権がいつ履行遅滞になったかが問題になると考えられる。

　請負人の報酬債権に対し注文者がこれと同時履行の関係にある目的物の瑕疵修補に代わる損害賠償債権を自働債権とする相殺の意思表示をした場合，注文者は，請負人に対する相殺後の報酬残債務について，相殺の意思表示をした日の翌日から履行遅滞による責任を負うものと解するのが相当である。

　けだし，瑕疵修補に代わる損害賠償債権と報酬債権とは，民法634条2項により同時履行の関係に立つから，注文者は，請負人から瑕疵修補に代わる損害賠償債務の履行又はその提供を受けるまで，自己の報酬債務の全額について履行遅滞による責任を負わないと解されるところ（判例），注文者が瑕疵修補に代わる損害賠償債権を自働債権として請負人に対する報酬債務と相殺する旨の意思表示をしたことにより，注文者の損害賠償債権が相殺適状時にさかのぼって消滅したとしても，相殺の意思表示をするまで注文者がこれと同時履行の関係にある報酬債務の全額について履行遅滞による責任を負わなかったという効果に影響はないと解すべきだからである。

　もっとも，瑕疵の程度や各契約当事者の交渉態度等にかんがみ，前記瑕疵の修補に代わる損害賠償債権をもって報酬債権全額との同時履行を主張することが信義則に反するとして否定されることもあり得るところである。

2　これを本件についてみるに，Yは，Xの報酬残債権請求に対して本問の事実関係の*3*及び*5*の損害賠償債権を自働債権とする相殺の抗弁を主張するとともに，報酬残債務の全額が瑕疵修補に代わる損害賠償債権と同時履行の関係にあるから履行遅滞による責任を負わない旨を主張するものであるところ，前記同時履行の主張が信義則に反すると認めるべき特段の事情はうかがわれないから，Yが平成3年3月4日に相殺の意思表示をするまではY主張の前記同時履行の関係があったものというべきであり，Yは，

前記相殺後の報酬残債務について，前記相殺の意思表示をした日の翌日である同月5日から履行遅滞による責任を負うものというべきである。本問の控訴審判決は，この判断を誤っているというべきである。

Ⅳ　関連問題・参考判例・関連判例・参考文献

関連問題
→ 建物の建築請負契約における請負人の担保責任について，建物の建替えに要する費用相当額の損害賠償が認められるかを，その問題点とともに説明せよ。

参考判例
＊最3小判平成9・7・15民集51巻6号2581頁

関連判例
＊最2小判昭和36・7・7民集15巻7号1800頁
→ 注文者が請負人に目的物の瑕疵について修補を請求したのに，応じないので，これに代わる損害賠償を請求した場合，賠償額算定の時期は修補請求の時である。

＊最3小判昭和54・3・20判時927号186頁
→ 民法634条2項による損害賠償債権は，注文者が請負契約の目的物の引渡しを受けた時に発生する。

＊最3小判平成9・2・14民集51巻2号337頁（⇒事例1）
→ 請負契約の目的物に瑕疵がある場合，信義則に反するときを除き，注文者は，請負人から瑕疵の修補に代わる損害の賠償を受けるまでは，報酬全額の支払を拒むことができ，これにつき履行遅滞の責任を負わない。

参考文献
＊笠井修・リマークス17号30頁
＊沖野眞已・判評473（判時1637）号22頁
＊松井和彦・平成9年度主民解68頁

事例 27

I 事実関係

1 X市は，平成3年3月26日，A株式会社に対し，都市計画法81条1項，C市風致地区条例8条1項に基づき，別紙物件目録（省略）記載の各建物の除却命令を発し，同年11月13日から21日までの間に，行政代執行法2条に基づき，除却の代執行をした上（本件代執行），同4年3月13日，A会社に対し，同法5条に基づき，同月26日までに本件代執行に要した費用2682万2638円を納付することを命じた。

2 Yは，平成2年3月23日，B株式会社に対する1億5000万円の貸金債権を担保するため，B会社が所有するD市内の3筆の土地に譲渡担保権の設定を受けた。Yは，同4年2月14日，B会社の求めに応じて同譲渡担保権設定契約を合意解除し，これに代わる担保として，B会社との間で，B会社所有の京都市内の7筆の土地に譲渡担保権を設定する旨の契約を締結するとともに，A会社との間で，A会社所有の別紙物件目録記載の土地（本件土地）に譲渡担保権を設定する旨の契約（本件譲渡担保権設定契約）を締結し，同年3月9日，本件土地につき所有権移転登記手続を経由した。

3 A会社とB会社は，代表取締役，本店所在地及び従業員を同じくし，営業面や資金面において密接な結び付きを有している。

4 A会社は，平成3年8月の決算期に9770万8000円の損失を計上し，同4年6月ころには，金融機関に対して約3億9800万円の負債を抱えながらさしたる資産もない状況に陥り，同年7月4日，株主総会の決議により

解散した。

Ⅱ 問　題

→ 以上の事案について，XのYに対する想定される請求の内容を紹介するとともに，主要な争点を取り上げ，説明せよ。なお，検討の時点は，平成4年とする。

Ⅲ　判例の考え方

　本問の事実関係に照らすと、本件では、Xは、Aに対する代執行費用債権を有しているところ、Aが債務超過と考えられる状況においてYに対して本件土地につき譲渡担保権を設定したことから、詐害行為取消請求権に基づき、AとYとの間の本件譲渡担保権設定契約を取り消し、Yに対し、本件土地についてした所有権移転登記の抹消登記手続をすることを請求したものであると解することができる。

　本件では、AとBが密接な結び付きを有している会社同士であり、Aが本件土地につきYに譲渡担保権を設定した（本件譲渡担保設定契約を締結した）ことは、Bが所有する財産に設定されていた譲渡担保権の解消と引換えに行われたものであり、Aの責任財産が減少せず、詐害行為が成立しないのではないかという問題が生じるものである。

　確かに、本件譲渡担保権設定契約締結の経緯、AとBとの密接な関係を考慮すると、本件譲渡担保権設定契約によってAの責任財産が減少したとは認められず、本件譲渡担保権設定契約の締結は詐害行為に当たらないと解することもできるかもしれない。

　しかし、債務者が残余の財産では債権者に対して十分な弁済をすることができなくなることを知りながら第三者に対して自己の財産に譲渡担保権を設定することは、それが債務者と密接な関係を有する関連会社が所有する財産に設定されていたその第三者の譲渡担保権の解消と引換えに行われた場合であっても、詐害行為として取消しの対象となると解するのが相当である。なぜならば、債務者と関連会社とが別個の法人格を有する以上、関連会社所有の財産が当然に債務者の責任財産になるわけではなく、譲渡担保権の設定によって債務者の責任財産の減少という結果が発生したことを否定できないからである。

　これを本件についてみると、前記の事実によれば、Xが本件代執行により代執行費用債権を取得した後、Aは、YのBに対する貸金債権を担保するために本件譲渡担保権設定契約を締結したというのであるから、AがXに対して十分な弁済をすることができなくなることを知りながらこの契約を締結し

た場合には，Xはこれを詐害行為として取り消すことができることになる。

Ⅳ　関連問題・参考判例・関連判例・参考文献

関連問題
→ 民法424条1項所定の要件を説明せよ。
→ 不動産の売買が詐害行為に当たる要件を説明せよ。

参考判例
＊最2小判平成12・7・7金法1599号88頁

関連判例
＊最2小判平成10・6・12民集52巻4号1121頁
→ 債務者が自己の第三者に対する債権を譲渡した場合，債務者がこれについてした確定日付のある債権譲渡の通知は，詐害行為取消権の対象とならない。

＊最2小判平成11・6・11民集53巻5号898頁
→ 共同相続人の間で成立した遺産分割協議は，詐害行為取消権行使の対象となり得る。

＊最1小判平成12・3・9民集54巻3号1013頁
→ 離婚に伴う財産分与として金銭を給付する旨の合意は，その額が民法768条3項の規定の趣旨に反して不相当に過大であり，財産分与に仮託された財産処分と認め得る特段の事情があるときは，不相当に過大な部分の限度において詐害行為となり，離婚に伴う配偶者の一方が負担すべき損害賠償債務の額を超えた金額の慰謝料を支払う旨の合意は，債務額を超えた部分について，詐害行為となる。

参考文献
＊関根澄子・平成13年度主民解50頁

事例 28

I 事実関係

1 X株式会社は，平成17年3月25日に特別清算開始決定を受け，同手続を遂行中の株式会社である。

　Y信用金庫は，会員に対する貸付け，会員のためにする手形割引等を目的とする法人である。

2 X会社とY信用金庫は，平成14年12月2日，X会社がY信用金庫に対して次のア記載の債権の根担保としてイ記載の債権を譲渡する旨の債権譲渡担保契約（以下「本件契約」という）を締結した。

　ア　X会社とY信用金庫との間の手形貸付取引に基づき，Y信用金庫がX会社に対して現在及び将来有する貸付金債権及びこれに附帯する一切の債権

　イ　X会社がA株式会社に対して取得する次の債権のすべて
　　(ア)　種　　　類　工事代金債権
　　(イ)　始　　　期　平成14年6月2日
　　(ウ)　終　　　期　平成18年12月2日
　　(エ)　譲渡債権額1億5968万円

3 X会社は，A会社に対し，上記*2*イ記載の債権に含まれる債権目録（省略）記載(1)ないし(3)の工事代金債権（以下，「(1)の債権」，「(2)の債権」などといい，これらを併せて「本件債権」という）を取得した。

4 本件債権には，X会社とA会社との間の工事発注基本契約書及び工事発

注基本契約約款によって，譲渡禁止の特約が付されていた。

5 A会社は，平成16年12月6日に(1)の債権について，平成17年2月8日に(2)の債権について，同年12月27日に(3)の債権について，それぞれ債権者不確知を供託原因として供託金目録（省略）記載(1)ないし(3)の各供託金額欄記載の金員を供託した。

Ⅱ 問 題

→ 以上の事実関係において，Xが本件契約の無効を主張して，Yに対して訴訟を提起したが，本件訴訟の概要を紹介し，主要な争点を説明せよ。

Ⅲ　判例の考え方

1　本問の事実関係によると，Xが本件契約に基づきYに譲渡した請負代金債権（本件債権）について，債務者が債権者不確知を供託原因として供託をしたというものであり，本問の事実関係の*4*に照らすと，Xが本件契約の無効を主張しているものであるから，Xは，Yに対して本件債権には譲渡禁止特約が付されていたことを理由に，本件契約による上記債権譲渡は無効であると主張し，上記供託金の還付請求権を有することの確認を請求したものと考えることができる。

　また，本件訴訟における主要な争点は，譲渡禁止の特約による本件契約に基づく本件債権の譲渡の無効が認められるかである。

2　民法は，原則として債権の譲渡性を認め（466条1項），当事者が反対の意思を表示した場合にはこれを認めない旨定めている（同条2項本文）ところ，債権の譲渡性を否定する意思を表示した譲渡禁止の特約は，債務者の利益を保護するために付されるものと解される。そうすると，譲渡禁止の特約に反して債権を譲渡した債権者は，同特約の存在を理由に譲渡の無効を主張する独自の利益を有しないのであって，債務者に譲渡の無効を主張する意思があることが明らかであるなどの特段の事情がない限り，その無効を主張することは許されないと解するのが相当である。

3　これを本件についてみると，本問の事実関係によれば，Xは，自ら譲渡禁止の特約に反して本件債権を譲渡した債権者であり，債務者であるAは，本件債権譲渡の無効を主張することなく債権者不確知を理由として本件債権の債権額に相当する金員を供託しているというのである。

　そうすると，Xには譲渡禁止の特約の存在を理由とする本件債権譲渡の無効を主張する独自の利益はなく，上記特段の事情の存在もうかがわれないから，Xが上記無効を主張することは許されないものというべきである。

Ⅳ 関連問題・参考判例・関連判例・参考文献

関連問題
→ 民法 466 条 2 項但書の要件の立証責任は誰が負うか。また,悪意の債権の譲受人から当該債権を譲り受けた善意の譲受人の法的な地位を説明せよ。

参考判例
＊最 2 小判平成 21・3・27 民集 63 巻 3 号 449 頁

関連判例
＊最 1 小判昭和 52・3・17 民集 31 巻 2 号 308 頁
→ 譲渡禁止の特約のある指名債権をその譲受人がこの特約の存在を知って譲り受けた場合,その後,債務者が債権譲渡につき承諾を与えたときは,債権譲渡は,譲渡の時にさかのぼって有効となる。

＊最 3 小判平成 11・1・29 民集 53 巻 1 号 151 頁
→ 将来発生すべき債権を目的とする債権譲渡契約の締結時に債権発生の可能性が低かったことは,債権譲渡契約の効力を,当然に左右するものではない。

参考文献
＊池田真朗・金法 1873 号 6 頁
＊中村肇・金判 1319 号 13 頁
＊円谷峻・判タ 1312 号 45 頁
＊関武志・判評 613（判時 2063）号 2 頁
＊角紀代恵・平成 21 年度重判解 93 頁
＊加藤新太郎・平成 21 年度主民解 64 頁
＊椿寿夫・リマークス 40 号 26 頁

事例 29

I 事実関係

1 A株式会社は，昭和 59 年 7 月 2 日，ゴルフ場を経営する Y 株式会社に対して預託金として 2500 万円を預託し，ゴルフ会員権を取得した。

2 A会社とB株式会社は，昭和 59 年 7 月 3 日，A会社がB会社に対して負担する債務の担保として本件ゴルフクラブ会員権をB会社に譲渡することを予約し，同債務につきA会社に不履行があったときは，B会社の予約完結の意思表示により本件ゴルフクラブ会員権譲渡の本契約を成立させることができる旨の合意（以下「本件譲渡予約」という）をし，そのころ，Y会社は，確定日付のある証書により，本件譲渡予約を承諾した。

3 B会社は，平成 3 年 10 月 5 日，A会社に対し，本件譲渡予約を完結する旨の意思表示をしたが，これによる本件ゴルフクラブ会員権の譲渡について，確定日付のある証書による Y 会社への通知又は Y 会社の承諾はされていない。

4 Xは，平成 3 年 10 月 9 日，A会社に対する債務名義に基づき本件ゴルフクラブ会員権を差し押さえ，同日，差押通知書は，Y会社に送達された。

5 本件預託金の据置期間が経過し，平成 8 年 6 月 1 日，A会社が解散して本件ゴルフクラブの会員資格を喪失した。

Ⅱ 問　題

→ この事案について，XがYに対して訴訟を提起したが，どのような内容の訴訟を提起したかを説明し，Yが主張し得る反論，抗弁があるか，これに関係する法律問題とともに説明せよ。なお，この事案の検討時点は，平成8年7月1日とする。

Ⅲ　判例の考え方

1　本問の事実関係の下では，Xは，Aに対して債務名義を取得しており，その債務名義に基づき本件ゴルフクラブ会員権を差し押さえたものであるところ，本件ゴルフクラブ会員権は，AがYに対して預託金2500万円を預託し（これは，2500万円につき金銭消費寄託契約を締結したものと解することができる），会員契約を締結して取得した権利であると解することができる。

　また，本件ゴルフクラブは，預託金が預託されていることからみて，預託金会員制のゴルフクラブであると解されるところ，本件ゴルフクラブ会員権の主要な内容は，預託金返還請求権，ゴルフ場施設の優先的利用権であるということができ，預託金返還請求権については，預託金の返還の猶予期間が定められていることが通常であるが，本件では，既にその期間は経過しているものである。

　このようにみると，Xの前記の差押えは，AのYに対する預託金2500万円の返還請求権を対象としたものとみることができる。

2　ところで，債権者が債務者の有する金銭債権を差し押さえた場合，債務者に対して差押命令が送達された日から1週間を経過したときは，その債権を取り立てることができるとされているところであり（民事執行法155条1項），本件では，Xは，本件ゴルフクラブ会員権（前記の預託金返還請求権）を差し押さえた後，Yに対してこの取立権を行使したと解することができ，XのYに対する訴訟は，金銭消費寄託契約に基づく預託金の返還を請求するものであるということができる。

3　ところが，本問の事実関係の下においては，Aは，既にBに対して本件譲渡予約をし，Yは，確定日付のある証書により本件譲渡予約を承諾し，しかも後にBは本件譲渡予約につき予約を完結する旨の意思表示をしたものであることから，Xの前記の差押えが効力を有しているか，本件ゴルフクラブ会員権が既にB会社に譲渡されているかが問題になる。

民法 467 条の規定する指名債権譲渡についての債務者以外の第三者に対する対抗要件の制度は，債務者が債権譲渡により債権の帰属に変更が生じた事実を認識することを通じ，これが債務者によって第三者に表示され得るものであることを根幹として成立しているところ（判例），指名債権譲渡の予約につき確定日付のある証書により債務者に対する通知又はその承諾がされても，債務者は，これによって予約完結権の行使により当該債権の帰属が将来変更される可能性を了知するに止まり，当該債権の帰属に変更が生じた事実を認識するものではないから，前記予約の完結による債権譲渡の効力は，当該予約についてされた前記の通知又は承諾をもって，第三者に対抗することはできないと解するのが相当である（判例）。

　これを本件についてみると，本件譲渡予約については確定日付ある証書によりYの承諾を得たものの，予約完結権の行使による債権譲渡について第三者に対する対抗要件を具備していないBは，本件ゴルフクラブ会員権の譲受けをXに対抗することはできないというべきである。

　したがって，本件では，Yの抗弁は成り立たないということができる。

Ⅳ　関連問題・参考判例・関連判例・参考文献

関連問題

→ 集合債権の譲渡の対抗要件について，どのようにすれば有効な対抗要件を具備することができるかを説明せよ。

参考判例

＊最3小判平成 13・11・27 民集 55 巻 6 号 1090 頁

関連判例

＊最1小判昭和 49・3・7 民集 28 巻 2 号 174 頁
→ 譲受人相互の間の優劣は，通知又は承諾に付された確定日付の先後によって定めるべきではなく，確定日付のある通知が債務者に到達した日時又は確定日付のある債務者の承諾の日時の先後によって決すべきであり，また，確定日付は，通知又は承諾そのものにつき必要である。

＊最 2 小判平成 8・7・12 民集 50 巻 7 号 1918 頁
→　預託金会員制ゴルフクラブの会員権の譲渡を当該ゴルフクラブの経営会社以外の第三者に対抗するには，指名債権の譲渡の場合に準じ，民法 467 条の要件具備が必要である。

参考文献
＊石田剛・平成 13 年度重判解 78 頁
＊池田清治・法教 265 号 138 頁
＊潮見佳男・リマークス 26 号 34 頁
＊池田真朗・判評 523（判時 1788）号 12 頁
＊道垣内弘人・金法 1652 号 18 頁
＊角紀代恵・金法 1659 号 6 頁

事例 30

I 事実関係

1 Xは，平成10年10月16日，Y銀行のA支店において，貯蓄預金口座を開設して貯蓄預金契約を締結し，同契約に係る通帳（以下「本件通帳」という）の交付を受け，その際，キャッシュカードの利用を申し込み，その暗証番号（以下「本件暗証番号」という）をX所有に係る車両（以下「本件車両」という）の自動車登録番号の4桁の数字と同じ数字として届出をし，そのころ，キャッシュカードの交付を受けた。

2 Y銀行は，暗証番号を登録した預金者が通帳又はキャッシュカードを使用し暗証番号を入力すれば預金の払戻しを受けることができるという現金自動入出機を設置していた（以下，この方法による払戻しを「機械払」といい，このうち通帳によるものを「通帳機械払」，キャッシュカードによるものを「カード機械払」という）。

3 Y銀行における機械払の手続の流れは，次のとおりである。
① 預金者が通帳又はキャッシュカードを現金自動入出機に挿入し，暗証番号及び金額を入力すると，現金自動入出機は通帳又はキャッシュカードの磁気ストライプを読み取って口座の特定その他の正当性をチェックし，暗証番号を暗号化してホストコンピューターに送信する。なお，通帳又はキャッシュカードの磁気ストライプに暗証番号は書き込まれていない。
② ホストコンピューターは，暗証番号，支払可能残高，諸届情報（キャッシュカード・通帳の紛失，支払停止等）をチェックした上，現

金自動入出機に対して支払の可否の指示を送信する。支払可能の指示があれば，現金自動入出機は支払処理を行う。

4　Xは，平成11年11月22日午後9時30分ころ，本件通帳をダッシュボードに入れたまま本件車両を自宅近くの月ぎめ駐車場に駐車したところ，翌23日午前10時40分ころまでの間に，本件通帳を本件車両ごと盗まれた。

　そして，何者かが，同月24日午前8時52分から午前9時56分までの間に，Y銀行のB支店，C支店及びD支店の各現金自動入出機で，合計17回にわたり，本件通帳を使用し，本件暗証番号を入力して，通帳機械払の方法により上記預金口座からの払戻手続を行い，上記各現金自動入出機から合計801万円を引き出した（以下，これを「本件払戻し」という）。

5　Xは，同月23日，警察署に本件車両の盗難届出をしたが，その際には本件通帳の紛失に気付かず，同日夜になって本件車両内に本件通帳と弟から預かった郵便貯金通帳を保管していたことを思い出した。

　そこで，Xは，同月24日午前9時ころ，郵便局に電話で弟であるE名義の通帳を盗まれた旨の届出をし，その後来客に応じた後，Y銀行のA支店に本件通帳の喪失届出をした。しかし，これは本件払戻しの終了後のことであり，コンピューターにコード入力されたのは同日午前10時53分であった。

6　Y銀行のカード規定には，カード機械払の方法により預金の払戻しが受けられる旨の規定があり，また，使用されたキャッシュカードの電磁的記録によってカードの真正を確認し，入力された暗証番号と届出暗証番号との一致を確認して預金の払戻しをした場合には原則としてY銀行は責任を負わない旨の免責規定があるが，通帳機械払の方法により預金の払戻しが受けられる旨の規定は，Y銀行の貯蓄預金規定，カード規定のいずれにもなく，また，同払戻しについての免責規定もない。なお，Xは，現金自動入出機でキャッシュカードを使用して預金の預入れをしたことはあったが，

同機で通帳又はキャッシュカードを使用して預金の払戻しを受けたことはなく，通帳機械払の方法により払戻しが受けられることを知らなかった。

　Y銀行においては，現金自動入出機の設置場所に「ＡＴＭご利用のお客様へ」と題する書面を掲示し，「当行の通帳・カードをご利用のお客様」の払戻手数料を表示していたが，それ以上の表示はなかった。

7　Xは，Y銀行に対して訴訟を提起し，その訴状は，平成12年3月17日，Y銀行に送達された。

Ⅱ　問　題

→ 本件では，XのY銀行に対する訴訟の訴訟物としてはどのようなものが考えられるか，また，本件訴訟においてはどのような法律問題が生じるかを取り上げ，その問題につきどのように考えるべきかを説明せよ。

Ⅲ 判例の考え方

1 本問の事実関係に照らすと、Xは、Y銀行に対して預金債権を有していたところ、預金通帳が盗難に遭い、第三者によって無断で預金が払い戻されたという基本的な事実関係の下で、XがY銀行に対して預金に係る請求をしたものである。

このような事実関係の下では、Xは、本件払戻しが無効であり、そうでないとしても債務の本旨に従った履行とはいえないなどと主張することができ、本件払戻しに係る預金801万円の返還を請求するか、又は債務不履行に基づく損害賠償として同額の金員の支払を請求することが考えられる。前者の訴訟物は、金銭消費寄託契約（預金契約）に基づく預金の返還請求権（払戻請求権）であり、後者の訴訟物は、同契約上の債務不履行に基づく損害賠償請求権である。なお、両者は、特段の順位が付けられていない場合には、選択的に請求されているものである。

2 本問では、この事実関係の下においては、本件払戻しが民法478条により弁済の効力を有するかどうか、本件払戻しが債務の本旨に従った履行ではなく、債務不履行に当たるかどうかが主として問題になるものである。

3 本件払戻しについては、まず、民法478条により弁済の効力を有するということができないが、その理由は、次のとおりであると解するのが相当である。

(1) 無権限者のした機械払の方法による預金の払戻しについても、民法478条の適用があるものと解すべきであり、これが非対面のものであることをもって同条の適用を否定すべきではない。

債権の準占有者に対する弁済が民法478条により有効とされるのは弁済者が善意かつ無過失の場合に限られるところ、債権の準占有者に対する機械払の方法による預金の払戻しにつき銀行が無過失であるというためには、払戻しの際に機械が正しく作動したことだけでなく、銀行において、預金者による暗証番号等の管理に遺漏がないようにさせるため当該機械払の方

法により預金の払戻しが受けられる旨を預金者に明示すること等を含め，機械払システムの設置管理の全体について，可能な限度で無権限者による払戻しを排除し得るよう注意義務を尽くしていたことを要するというべきである。

　機械払の方法による払戻しは，窓口における払戻しの場合と異なり，銀行の係員が預金の払戻請求をする者の挙措，応答等を観察してその者の権限の有無を判断したり，必要に応じて確認措置を加えたりするということがなく，専ら使用された通帳等が真正なものであり，入力された暗証番号が届出暗証番号と一致するものであることを機械的に確認することをもって払戻請求をする者が正当な権限を有するものと判定するものであって，真正な通帳等が使用され，正しい暗証番号が入力されさえすれば，当該行為をする者が誰であるのかは全く問われないものである。このように機械払においては弁済受領者の権限の判定が銀行側の組み立てたシステムにより機械的，形式的にされるものであることに照らすと，無権限者に払戻しがされたことについて銀行が無過失であるというためには，払戻しの時点において通帳等と暗証番号の確認が機械的に正しく行われたというだけでなく，機械払システムの利用者の過誤を減らし，預金者に暗証番号等の重要性を認識させることを含め，同システムが全体として，可能な限度で無権限者による払戻しを排除し得るよう組み立てられ，運営されるものであることを要するというべきである。

　(2)　本問の事実関係によれば，Ｙ銀行は，通帳機械払のシステムを採用していたにもかかわらず，その旨をカード規定等に規定せず，預金者に対する明示を怠り（なお，Ｙ銀行においては，現金自動入出機の設置場所に「ＡＴＭご利用のお客様へ」と題する書面を掲示し，「当行の通帳・カードをご利用のお客様」の払戻手数料を表示していたことがうかがわれるが，これでは預金者に対する明示として十分とはいえない。)，Ｘは，通帳機械払の方法により預金の払戻しを受けられることを知らなかったというのである。無権限者による払戻しを排除するためには，預金者に対し暗証番号，通帳等が機械払に用いられるものであることを認識させ，その管理を十分に行わせる必要があることにかんがみると，通帳機械払のシステムを採用

する銀行がシステムの設置管理について注意義務を尽くしたというためには，通帳機械払の方法により払戻しが受けられる旨を預金規定等に規定して預金者に明示することを要するというべきであるから，Y銀行は，通帳機械払のシステムについて無権限者による払戻しを排除し得るよう注意義務を尽くしていたということはできず，本件払戻しについて過失があったというべきである。もっとも，本問の事実関係によれば，Xは，本件暗証番号を本件車両の自動車登録番号の4桁の数字と同じ数字とし，かつ，本件通帳をダッシュボードに入れたまま本件車両を自宅近くの駐車場に駐車していたために，何者かにより本件通帳を本件車両ごと盗まれ，本件暗証番号を推知されて本件払戻しがされたものと認められるから，本件払戻しがされたことについてはXにも帰責事由が存するというべきであるが，この程度の帰責事由をもってY銀行に過失があるとの上記判断を覆すには足りない。

したがって，本件払戻しについて，民法478条により弁済の効力を認めることはできない。

4 本問の事実関係の下においては，Y銀行の債務不履行も認めることができるものである。

IV 関連問題・参考判例・関連判例・参考文献

関連問題

→ 無権限者が預金通帳を使用し，銀行の窓口で預金の払戻しを受けた場合，真実の預金者との関係について説明せよ。

参考判例

＊最3小判平成15・4・8民集57巻4号337頁

関連判例

＊最1小判平成9・4・24民集51巻4号1991頁（⇨事例4）

→ 保険会社が，生命保険契約約款が定めるいわゆる契約者貸付制度に基づいて，保険契約者の代理人と称する第三者の申込みによる貸付けを行った場合，第三者を保険契約者の代理人と認定するにつき相当の注意義務を尽くしたときは，民法478条の類推適用が認められ，保険会社は，保険契約者に対して，当該貸付けの効力を主張できる。

＊最1小判昭和59・2・23民集38巻3号445頁

→ 金融機関が，預金者の債権を受働債権として相殺する契約をし，預金者ではない第三者に対してその第三者を預金者本人と誤信して金銭貸付けを行い，同貸付債権を自働債権とし，同預金債権を受働債権として相殺をした場合，民法478条の類推適用が認められ，善意・無過失は，貸付けの時に存在すれば足りる。

＊最3小判昭和37・8・21民集16巻9号1809頁

→ 債権者の代理人と称して債権を行使する者も，民法478条所定の債権の準占有者に当たる。

参考文献

＊中舎寛樹・セレクト '03・17頁
＊宮廻美明・手形小切手百選218頁
＊河上正二・民法百選Ⅱ〔6版〕78頁
＊中原太郎・法協122巻10号117頁
＊尾島茂樹・判評541（判時1843）号2頁
＊升田純・金法1674号48頁

事例 31

Ⅰ 事実関係

1 Xは，平成2年6月5日，Yの申請した違法な仮処分により本件土地及び建物の持分各2分の1を通常の取引価格より低い価格で売却することを余儀なくされ，その差額2億5260万円相当の損害を被ったと主張して，Yに対し，不法行為を理由として，内金4000万円の支払を求める別件訴訟を提起した。

2 一方，Yは，同年8月27日，Xが支払うべき相続税，固定資産税，水道料金等を立て替えて支払ったとして，Xに対し，1296万円余の不当利得返還を求める本件訴訟を提起した。

3 本件訴訟の第1審において，Xは，相続税立替分についての不当利得返還義務の存在を争うとともに，予備的に，前記違法仮処分による損害賠償請求権のうち4000万円を超える部分を自働債権とする相殺を主張した。

4 また，Xは，本件訴訟の第2審において，前記*3*の相殺の主張に加えて，預金及び現金の支払請求権を自働債権とする相殺を主張し，また，前記違法仮処分に対する異議申立手続の弁護士報酬として支払った2000万円及びこれに対する遅延損害金の合計2478万円余の損害賠償請求権を自働債権とする相殺を主張した。

5 本件訴訟の第2審は，その判決理由において，前記事実経過の下において，係属中の別訴において訴訟物となっている債権を自働債権として他の

訴訟において相殺の抗弁を主張することは許されないとした最高裁平成3年12月17日第3小法廷判決・民集45巻9号1435頁の趣旨に照らし、(1)前記違法仮処分により売買代金が低落したことによる損害賠償請求権のうち4000万円を超える部分を自働債権とする相殺の主張、及び、(2)弁護士報酬相当額の損害賠償請求権を自働債権とする相殺の主張は、いずれも許されないものと判断した。

Ⅱ 問 題

→ 以上の事実関係の下において、本件訴訟の第2審の判決の当否、その理由を説明せよ。

最高裁平成3年12月17日判決（なお、条文は、旧民事訴訟法のものである）

「係属中の別訴において訴訟物となっている債権を自働債権として他の訴訟において相殺の抗弁を主張することは許されないと解するのが相当である（最高裁昭和58年(オ)第1406号同63年3月15日第三小法廷判決・民集42巻3号170頁参照）。すなわち、民訴法231条〔現142条〕が重複起訴を禁止する理由は、審理の重複による無駄を避けるためと複数の判決において互いに矛盾した既判力ある判断がされるのを防止するためであるが、相殺の抗弁が提出された自働債権の存在又は不存在の判断が相殺をもって対抗した額について既判力を有するとされていること（同法199条2項〔現114条2項〕）、相殺の抗弁の場合にも自働債権の存否について矛盾する判決が生じ法的安定性を害しないようにする必要があるけれども理論上も実際上もこれを防止することが困難であること、等の点を考えると、同法231条の趣旨は、同一債権について重複して訴えが係属した場合のみならず、既に係属中の別訴において訴訟物となっている債権を他の訴訟において自働債権として相殺の抗弁を提出する場合にも同様に妥当するものであり、このことは右抗弁が控訴審の段階で初めて主張され、両事件が併合審理された場合についても同様である。」

Ⅲ 判例の考え方

1 民訴法142条(旧民訴法231条)が係属中の事件について重複して訴えを提起することを禁じているのは,審理の重複による無駄を避けるとともに,同一の請求について異なる判決がされ,既判力の矛盾抵触が生ずることを防止する点にある。そうすると,自働債権の成立又は不成立の判断が相殺をもって対抗した額について既判力を有する相殺の抗弁についても,その趣旨を及ぼすべきことは当然であって,既に係属中の別訴において訴訟物となっている債権を自働債権として他の訴訟において相殺の抗弁を主張することが許されないことは,第2審の判決の判示するとおりであろう(本問に引用されている最高裁平成3年12月17日判決参照)。

2 しかしながら,他面,1個の債権の一部であっても,そのことを明示して訴えが提起された場合には,訴訟物となるのは前記債権のうち当該一部のみに限られ,その確定判決の既判力も当該一部のみについて生じ,残部の債権に及ばないと解することができる(判例)。この理は相殺の抗弁についても同様に当てはまるところであって,1個の債権の一部をもってする相殺の主張も,それ自体は当然に許容されるところである。

3 もっとも,1個の債権が訴訟上分割して行使された場合には,実質的な争点が共通であるため,ある程度審理の重複が生ずることは避け難く,応訴を強いられる被告や裁判所に少なからぬ負担をかける上,債権の一部と残部とで異なる判決がされ,事実上の判断の抵触が生ずる可能性もないではない。そうすると,前記*2*のように1個の債権の一部について訴えの提起ないし相殺の主張を許容した場合に,その残部について,訴えを提起し,あるいは,これをもって他の債権との相殺を主張することができるかについては,別途に検討を要するところであり,残部請求等が当然に許容されることになるものとはいえない。

しかし,こと相殺の抗弁に関しては,訴えの提起と異なり,相手方の提訴を契機として防御の手段として提出されるものであり,相手方の訴求す

る債権と簡易迅速かつ確実な決済を図るという機能を有するものであるから，1個の債権の残部をもって他の債権との相殺を主張することは，債権の発生事由，一部請求がされるに至った経緯，その後の審理経過等にかんがみ，債権の分割行使による相殺の主張が訴訟上の権利の濫用に当たるなど特段の事情の存する場合を除いて，正当な防御権の行使として許容されるものと解すべきである。

　したがって，1個の債権の一部についてのみ判決を求める旨を明示して訴えが提起された場合において，当該債権の残部を自働債権として他の訴訟において相殺の抗弁を主張することは，債権の分割行使をすることが訴訟上の権利の濫用に当たるなど特段の事情の存しない限り，許されるものと解するのが相当である。

4　本件についてこれをみると，前記特段の事情が存するか否かについては，前記のとおり，Xは，係属中の別件訴訟において一部請求をしている債権の残部を自働債権として，本件訴訟において相殺の抗弁を主張するものである。第2審の判決の摘示する本問の事実関係4の相殺の主張の自働債権である弁護士報酬相当額の損害賠償請求権は，別件訴訟において訴求している債権とはいずれも違法仮処分に基づく損害賠償請求権という1個の債権の一部を構成するものではあるが，単に数量的な一部ではなく，実質的な発生事由を異にする別種の損害というべきものである。そして，他に，本件においては，前記弁護士報酬相当額の損害賠償請求権を自働債権とする相殺の主張が訴訟上の権利の濫用に当たるなど特段の事情を見当たらないものであるから，前記相殺の抗弁を主張することは許されるものと解するのが相当である。

　したがって，重複起訴の禁止の趣旨に反するものとしてXの前記相殺の抗弁を排斥した第2審の判決の判断は誤っていると解するのが相当である。

IV　関連問題・参考判例・関連判例・参考文献

関連問題
→ 債権者代位訴訟が提起された場合，債務者は，同じ訴訟物の訴えを提起することができる理由は何かを説明せよ。

参考判例
＊最3小判平成10・6・30民集52巻4号1225頁

関連判例
＊最3小判平成3・12・17民集45巻9号1435頁
→ 係属中の別訴において訴訟物となっている債権を自働債権として他の訴訟において相殺の抗弁を主張することは許されない。

＊最2小判平成18・4・14民集60巻4号1497頁
→ 本訴及び反訴の係属中に，反訴原告が反訴請求債権を自働債権とする相殺の抗弁を提出することは，反訴原告の特段の意思表示がない限り，反訴は，予備的反訴に変更され，重複起訴の問題は生じないから，許される。

参考文献
＊坂田宏・民商121巻1号62頁
＊高橋宏志・リマークス19号127頁
＊酒井一・判評483（判時1667）号30頁
＊上野泰男・平成10年度重判解122頁
＊本間靖規・民訴百選82頁

I 事実関係

1 Y株式会社は，ゴルフ場を経営する会社である。

　Y会社は，平成元年5月ころ，A県B町に「Cゴルフ場」（本件ゴルフ場）を建設する計画を策定した。Y会社は，本件ゴルフ場の建設費用を約236億円と想定していたが，そのうちの約35億円は土地の取得費用，約70億円はゴルフコースの工事費用，約90億円はクラブハウス等の設備の工事費用であった。

2 Y会社は，平成2年8月ころ，本件ゴルフ場の会員の募集を開始した。

　Xは，同年9月28日，Y会社との間で，本件ゴルフ場の正会員となる本件入会契約を締結し，同日，入会金250万円，預託金2250万円及び消費税7万5000円をY会社に支払った。

3 Y会社が本件ゴルフ場の会員の募集のために作成したパンフレットには，「クラブハウス及びホテル概要」欄に，建築規模（地上4階地下1階等）のほか，附帯施設〈ホテル〉として，「客室，レストラン（和食・洋食各1），メインバー，コーヒーショップ，メンバーズサロン，コンベンションホール，室内外プール，アスレチックジム，マージャンルーム」の記載があり，クラブハウス及びホテルの平面図が掲載されていた。

　同パンフレットにおいては，さらに，「南欧の高級リゾートを思わせる瀟洒な外観とゆったりとした客室。本物のクラブライフを知るゴルファーのための最高のホスピタリティーがここにある。」との見出しの下に，本件ゴルフ場の特徴として，48の客室のすべてが18坪以上のロイヤルツイ

ンルームになっている高級ホテルが併設され，本件ゴルフ場において快適なリゾートライフを体験できることが強調されていた。

また，本件ゴルフ場の会則には，会員がゴルフコース及びこれに附帯する諸施設を利用する権利を有する旨の定めがある。

4 Y会社は，資金調達の都合から，予定を変更してクラブハウスやホテルの建設工事を第1期分と第2期分とに分けて行うことにし，第1期分として11の客室を備えたクラブハウスを建設し，第2期分として本格的ホテル，室内プールその他の施設を建設することにした。

本件ゴルフ場は，まだオープンしていない。Y会社は，第1期分の工事を完成させたが，第2期分の工事については，基礎部分が施工されたのみで，工事を続行するための具体的計画は立てられていない。

II 問題

→ この事案について，Xが自己の権利を行使するためにYに対して訴訟を提起したが，想定される訴訟の内容（訴訟物を含む）を紹介し，主要な争点と自己の見解を説明せよ。本件訴訟の係属中に本件ゴルフ場がオープンしたが，その余の部分はそのままであった。

Ⅲ 判例の考え方

1 本問の事実関係によると，XがYに対して有する権利は，ゴルフクラブの入会契約を締結しているところであり，本件入会契約上の権利であると考えられる。本件入会契約は，Xが入会金，預託金を支払ったことによって成立したものであり，通常は，預託金の返還請求権，ゴルフ場施設の優先的利用権を主要な内容とするものであるが，本件では，Yが予定していたゴルフ場施設を完成していないものであることから，本件入会契約を解除し，原状回復請求として，支払済みの入会金，預託金の返還請求をする訴訟を提起したものと考えられる（民法545条1項）。

　本件では，前記のとおり，本件入会契約を解除したことを主張し，原状回復請求をしたものであるから，解除の効力が主要な争点になるものということができる。

2 本件ゴルフ場は，予定していた施設全部が完成していないものであるところ，預託金会員制のゴルフクラブの会員の本質的な権利は預託金返還請求権とゴルフ場の施設利用権であり，この施設利用権とは一般の利用者に比べて有利な条件で継続的にゴルフプレーを行うためにそのゴルフ場の施設を利用する権利をいうと解されるから，ゴルフプレーを行うことと直接の関係のない施設を提供することは，ゴルフクラブの入会契約の要素たる債務とはなり得ないと解すべきであるとし，プレーを行う本質的な権利が会員に保障されている場合には，特段の事情がない限り，ゴルフプレーを行う上で必要不可欠ではない施設の内容の変更や完成の遅延等を理由に会員が入会契約を解除することは許されないと解することもできないではない。この見解によると，本件では，Yは，ゴルフコースのほか，クラブハウスを完成させ，その中に一定の格式を有した客室やレストランを確保しており，このクラブハウスはホテルの代替施設としての役割を果たしていると認められ，本件ゴルフ場は会員のゴルフプレーのために必要な施設を一応備えているというべきであるから，本件附帯施設が整備されていないことを理由にXが本件入会契約を解除することは許されないということも

できよう。

3 しかしながら，Yが会員の募集のために作成したパンフレットには，本件ゴルフ場に高級ホテルが建設されることが強調されていたというのであるから，Xが，Yとの本件ゴルフ場の入会契約を締結するに当たり，このパンフレットの記載を重視した可能性は十分あるものと解されるし，本件ゴルフ場の入会金及び預託金の額は前記パンフレットに記載された本件ゴルフ場の特徴に相応した金額になっていたが，実際にYによって提供された施設はその規模や構造等においてこのパンフレットの記載には到底及ばず，このためにXが本件入会契約を締結した目的を達成できない可能性のあることがうかがわれる。これらの事実は，Yにおいて前記パンフレットに記載されたホテル等の施設を設置して会員の利用に供することが本件入会契約上の債務の重要な部分を構成するか否かを判断するに当たって考慮される必要のある事実である。これらの事実を考慮すると，Yにおいて本件入会契約上の債務の重要な部分の不履行があるということができ，解除の効力を肯定することが相当である。

本問の前記事実関係の下においては，Xによる本件入会契約の解除は有効であるというべきであるから，Xの請求は認容されるべきである。

Ⅳ 関連問題・参考判例・関連判例・参考文献

関連問題

→ 契約上の付随的義務の不履行があった場合，相手方は契約を解除することができるかを説明せよ。

参考判例

＊最3小判平成11・11・30判時1701号69頁

関連判例

* 最 2 小判昭和 43・2・23 民集 22 巻 2 号 281 頁
  → 土地の売買契約において，所有権移転登記手続は代金完済と同時にし，代金完済までは買主は同土地の上に建物等を築造しない旨の付随的約款がつけられている場合，約款の不履行が契約締結の目的の達成に重大な影響を与えるものであるときは，売主は，約款の不履行を理由として，売買契約を解除することができる。

* 最 2 小判昭和 59・4・20 民集 38 巻 6 号 610 頁
  → 建物所有を目的とする土地賃貸借契約の存続期間の満了に際し，賃借人が賃貸人に更新料の支払を約しながら，これを履行しなかった場合，更新料の支払が賃料の支払と同様に，更新後の賃貸借契約の重要な要素として組み込まれ，契約当事者の信頼関係を維持する基盤となっていたときは，その不払は賃貸借契約解除の原因となる。

* 最 3 小判平成 8・11・12 民集 50 巻 10 号 2673 頁
  → 同一当事者間の債権債務関係が，その形式は甲契約及び乙契約といった 2 個以上の契約から成る場合，それらの目的が相互に密接に関連付けられていて，社会通念上，甲契約又は乙契約のいずれかが履行されるだけでは契約を締結した目的が全体としては達成されないと認められるときは，甲契約上の債務の不履行を理由に，乙契約も解除できる。

参考文献

* 河内宏・リマークス 22 号 42 頁
* 佐藤武彦・平成 12 年度主民解 76 頁
* 出口正義・平成 11 年度重判解 103 頁

事例 33

I 事実関係

1 別紙物件目録（省略）記載の土地（以下「本件土地」という）は，B市内の市街化区域内に所在する隣接した2筆の土地であり，地目は畑であるが，現況は更地である。

2 宅地建物取引業者であるA株式会社は，平成3年8月20日ころ，Xらを訪ね，Y所有の本件土地の売買を媒介したい旨申し入れた。
　A会社が持参した本件土地の広告には，「公簿177平方メートル（53.54坪），価格3640万円，3.3平方メートル単価68万円」との記載があった。

3 Xらが平成3年8月22日ころA会社を通じて坪単価が安くならないかYと折衝したところ，Yは，同月24日ころ，坪単価65万円に値下げする旨回答した。

4 Xらは，本件土地をその価格で購入しようと考え，平成3年8月27日ころ，A会社と本件土地購入について専属専任媒介契約を締結した。その契約書には，目的物件の表示として，本件土地の実測面積が177平方メートル，公簿面積も同様である旨の記載がされていた。

5 Yも，本件土地を上記価格で売却しようと考え，そのころ，A会社と本件土地売却について専属専任媒介契約を締結した。もっとも，その契約書には，XらとA会社との間の契約書と異なり，目的物件の表示として，本件土地の公簿面積が177平方メートルである旨の記載はされていたが，実

測面積についての記載はなかった。

6 Xらが平成3年9月4日ころA会社に対し本件土地の実測図面を要求したところ，A会社は，本件土地の面積が177平方メートルである旨が記載された公図の写しをXらに交付した。Xらは，この図面で本件土地の実測面積が177平方メートルあることが確認されたと考え，それ以上に実測図面を要求しなかった。

7 A会社は，そのころ，YとXらに対し，重要事項説明書を交付した。同説明書には，本件土地の地積として，「登記簿177平方メートル（53.54坪）」との記載はあったが，実測面積の欄は空欄であった。また，同説明書の建築基準法に基づく制限の概要の欄には，本件土地の建築面積の限度として，「敷地面積177平方メートル×60％＝106.2平方メートル」，本件土地の延べ建築面積の限度として，「敷地面積177平方メートル×200％＝354平方メートル」との各記載があった。

8 平成3年10月6日ころ，A会社の作成した案文に基づき，本件売買契約の契約書が作成され，その際，A会社は，YとXらに同契約書の条項を読み聞かせた。同契約書には，売買物件の表示として，「末尾記載の通りとしすべて面積は公簿による。」との条項（以下「本件条項」という）があるが，A会社からはその文言の意味の説明はなく，YとXらとの間でその意味が確認されたこともなかった。Xらは同月16日までに売買代金全額を支払った。

9 Xらは，住居の敷地とする目的で本件土地を購入したものであり，平成9年秋ころ，住居を新築するために土地家屋調査士に依頼して本件土地を測量したところ，その実測面積が167.79平方メートルであって，本件売買契約書に表示された面積177平方メートルに9.21平方メートル不足することが判明した。

Ⅱ 問 題

→ この事案について，Xらは，Yに対してどのような根拠に基づき，どのような内容の請求をすることができるかを，これによって生じる法律問題ととも説明せよ。なお，検討の時点は，平成10年春ころとする。

Ⅲ 判例の考え方

1 本問の事実関係に照らすと，本件土地の買主であるＸらは，売主であるＹに対して，本件売買契約書における本件土地の公簿面積の記載は，実測面積が少なくとも公簿面積と同じだけあるという趣旨でされたものであり，売買代金の額は本件土地の実測面積が公簿面積どおりにあるとして決定されたものと解釈し，本件売買契約は数量指示売買に当たると主張し，民法565条の準用する同法563条1項に基づき代金の減額を請求し，支払済の売買代金から減額請求に係る売買代金の返還を請求した訴訟を提起したものと考えられる。この訴訟においては，本件土地の売買が民法565条にいう数量指示売買に当たるか，減額請求による減額がいくらであるかが争点になり，前者が主要な争点になるものと考えられる。

2 数量指示売買とは，当事者において目的物の実際に有する数量を確保するため，その一定の面積，容積，重量，員数又は尺度があることを売主が契約において表示し，かつ，この数量を基礎として代金額が定められた売買をいうものと解するのが相当である（判例）。

本問の事実関係によれば，ＹとＸらは，本件売買契約の代金額を坪単価に面積を乗じる方法により算定することを前提にして，その坪単価について折衝し，代金額の合意に至ったというのである。本件土地は，市街化区域内にあり，小規模住宅用の敷地として売買されたものであって，面積は50坪余りにすぎないというのであるから，山林や原野など広大な土地の売買の場合とは異なり，このような零細宅地における開差5％を超える実測面積と公簿面積との食違いは，売買契約の当事者にとって通常無視し得ないものというべきである上，Ｘらは，Ａに対して本件土地の実測図面を要求するなどしたというのであるから，本件土地の実測面積に関心を持っていたものというべきであり，本件売買契約当時，当事者双方とも，本件土地の実測面積が公簿面積に等しいとの認識を有していたことがうかがわれる。

3 土地の売買契約において，実測面積を基礎とせずに代金額が決定される場合でも，代金額算定の便宜上，坪単価に面積（公簿面積）を乗じる方法が採られることもあり得るが，本件売買契約においては，YとXらが，本件土地の実測面積を離れ，それ以外の要素に着目して本件土地を評価し，代金額の決定に至ったと認めるべき事情はうかがわれない。

なお，本件条項自体は，実測面積と公簿面積とが食い違う場合に代金額の減額を要しないという趣旨を定めたものとはいえない。本件条項が存在することから直ちに実測面積に増減があっても公簿面積を基礎として本件売買契約の代金額が決定されたこととする趣旨であったと断定することはできない。

4 以上の事情にかんがみると，本件売買契約書において登記簿の記載に基づいて本件土地の面積が記載されたのは実測面積が公簿面積と等しいか少なくともそれを下回らないという趣旨によるものであり，本件売買契約の代金額は本件土地の実測面積を基礎として決定されたものであると解するのが相当である。

5 そうすると，本件売買契約においては，本件土地が公簿面積どおりの実測面積を有することが表示され，実測面積を基礎として代金額が定められたものであるから，本件売買契約は，数量指示売買に当たるというべきである。したがって，Xらは，Yに対し，民法565条，563条1項に基づいて，代金減額請求をすることができるものというべきであり，Xらの請求を認容するのが相当である。

Ⅳ　関連問題・参考判例・関連判例・参考文献

関連問題

→ 民法565条が適用される場合における要件と効果を具体的に説明せよ。

参考判例

＊最1小判平成13・11・22判時1772号49頁

関連判例

＊最3小判昭和43・8・20民集22巻8号1692頁
→ 数量指示売買は，当事者において目的物の実際に有する数量を確保するため，その一定の面積，容積，重量，員数又は尺度あることを売主が契約において表示し，かつ，この数量を基礎として代金額が定められた売買をいい，宅地の売買においてその目的物を登記簿に記載してある坪数をもって表示したとしても，直ちに売主が坪数のあることを表示したものではない。

＊最1小判昭和57・1・21民集36巻1号71頁
→ 土地の売買契約において，土地の面積が表示された場合であっても，その表示が代金額決定の基礎としてなされたにとどまり，契約の目的を達成する上で特段の意味を有するものでないときは，売主は当該土地が表示どおりの面積を有したとすれば買主が得たであろう利益の損害を賠償すべき責めを負わない。

参考文献

＊笠井修・法教262号142頁
＊松岡久和・不動産百選148頁
＊飯島紀昭・判評524（判時1791）号20頁

事例 34

I 事実関係

1 Aは，Bとの間で物件目録㈡記載の土地のうち39.57平方メートル（以下「本件土地」という。物件目録省略）につき賃貸借契約（以下，この賃貸借契約を「本件賃貸借契約」といい，Aが同賃貸借契約により取得した本件土地についての借地権を「本件借地権」という。）を締結し，また，Cとの間で本件土地の隣接地である同目録㈢記載の土地のうち25.06平方メートル（以下「本件使用貸借地」という）につき使用貸借契約を締結し，これらの両土地上に同目録㈠記載の建物（以下「本件建物」という）を所有していた。

2 本件建物に対する強制競売の手続における評価人の作成に係る平成元年3月31日付けの評価書には，本件建物が借地である本件土地と本件使用貸借地上に建築されており，期間の定めのない本件借地権及び使用借権の存在を考慮した上で算出し決定した本件建物の評価額は369万円である旨の記載がされている。

執行官の作成に係る平成元年4月13日付けの現況調査報告書には，本件建物の買受人は本件借地権を当然に承継することができる旨の記載がされている。

執行裁判所の作成に係る物件明細書には，本件建物のために本件土地につき期間の定めのない本件賃貸借契約が存在する旨の記載がされている。

3 Xは，平成元年7月17日に前記の現況調査報告書，評価書及び物件明細書を閲覧し，かつ，CがXに対して本件使用貸借地を改めて賃貸する意

向を示していたため，買受け後においても本件建物の敷地利用権として本件土地及び本件使用貸借地の賃借権を得ることができるものと考えて，執行裁判所が前記の評価書に基づいて定めた最低売却価額369万円を上回る372万1000円で入札を行い，同年8月2日に売却許可決定を得た上，同年9月4日に代金を納付して，本件建物の所有権を取得し，同月13日にその旨の所有権移転登記を受けた。

4 Xが納付した売却代金により，平成元年10月6日，Yに対して104万195円の配当が実施された。

5 本件土地の所有者であるBは，Aに対し，前記売却許可決定に先立つ平成元年7月27日付けをもって，賃料不払を理由に本件賃貸借契約を解除する旨の意思表示をした。そして，Bは，平成2年1月8日，Xに対し，本件建物を収去して本件土地の明渡しを求める訴訟を提起し，D地方裁判所は，同3年1月29日，前記解除の意思表示が有効であることを前提として，この請求を認容する旨の判決を言い渡した。

6 そこで，Xは，Aに対し，平成3年4月22日，強制競売による本件建物の売買契約を解除する旨の意思表示をした。

7 Aは，Xが前記解除の意思表示をした当時，無資力であった。

8 XがYに対して代金の返還を請求する訴訟を提起した。

II 問題

→ この訴訟について，どのような法律問題が生じているか，その法律問題につきどのように考えるかを説明せよ。

Ⅲ 判例の考え方

1 本件は，本問の事実関係に照らすと，建物の強制執行がされたところ，建物の敷地に関する借地権が存在しなかった場合について，民法568条1項，2項，566条1項，2項の適用がないものの，それらの規定の類推適用ができるかが主として問題になるものである。

建物に対する強制競売の手続において，建物のために借地権が存在することを前提として建物の評価及び最低売却価額の決定がされ，売却が実施されたことが明らかであるにもかかわらず，実際には建物の買受人が代金を納付した時点において借地権が存在しなかった場合，買受人は，そのために建物買受けの目的を達することができず，かつ，債務者が無資力であるときは，民法568条1項，2項及び566条1項，2項の類推適用により，強制競売による建物の売買契約を解除した上，売却代金の配当を受けた債権者に対し，その代金の返還を請求することができるものと解するのが相当である。

けだし，建物のために借地権が存在する場合には，建物の買受人はその借地権を建物に従たる権利として当然に取得する関係に立つため，建物に対する強制競売の手続においては，執行官は，債務者の敷地に対する占有の権原の有無，権原の内容の細目等を調査してその結果を現況調査報告書に記載し，評価人は，建物価額の評価に際し，建物自体の価額のほか借地権の価額をも加えた評価額を算出してその過程を評価書に記載し，執行裁判所は，評価人の評価に基づいて最低売却価額を定め，物件明細書を作成した上，現況調査報告書及び評価書の写しを物件明細書の写しと共に執行裁判所に備え置いて一般の閲覧に供しなければならないものとされている。したがって，現況調査報告書に建物のために借地権が存在する旨が記載され，借地権の存在を考慮して建物の評価及び最低売却価額の決定がされ，物件明細書にも借地権の存在が明記されるなど，強制競売の手続における上記各関係書類の記載によって，建物のために借地権が存在することを前提として売却が実施されたことが明らかである場合には，建物の買受人が借地権を当然に取得することが予定されているものというべきである。そうすると，実際には買受人が代金を納付した時点において借地権が存在せ

ず，買受人が借地権を取得することができないため，建物買受けの目的を達することができず，かつ，債務者が無資力であるときは，買受人は，民法568条1項，2項及び566条1項，2項の類推適用により，強制競売による建物の売買契約を解除した上，売却代金の配当を受けた債権者に対し，その代金の返還を請求することができるものと解するのが前記三者間の公平にかなうからである。

2 これを本件についてみるに，前記の事実関係からすると，本件建物に対する強制競売の手続においては，本件建物のために本件借地権が存在することを前提として本件建物の評価及び最低売却価額の決定がされ，売却が実施されたことが明らかであるにもかかわらず，実際には本件建物の買受人であるXが代金を納付した時点において本件借地権が存在しなかったため，Xは建物買受けの目的を達することができず，かつ，債務者であるAは無資力であるということができる。そうすると，Xは，民法568条1項，2項及び566条1項，2項の類推適用により，強制競売による本件建物の売買契約を解除して，売却代金の配当を受けたYに対し，その代金の返還を請求することができるものというべきである。

Ⅳ 関連問題・参考判例・関連判例・参考文献

関連問題
→ 民法568条1項所定の担保責任の要件を説明せよ。

参考判例
＊最2小判平成8・1・26民集50巻1号155頁

参考文献
＊生熊長幸・平成8年度重判解129頁
＊磯村保・セレクト'96・23頁
＊道垣内弘人・判評454（判時1579）号65頁

事例 35

I 事実関係

1 X（土地開発公社）は，平成3年3月15日，Y株式会社から，物件目録（省略）記載の土地（以下「本件土地」という）を買受けた（以下，この契約を「本件売買契約」という）。

本件土地の土壌には，本件売買契約締結当時からふっ素が含まれていたが，その当時，土壌に含まれるふっ素については，法令に基づく規制の対象となっていなかったし，取引観念上も，ふっ素が土壌に含まれることに起因して人の健康に係る被害を生ずるおそれがあるとは認識されておらず，Xの担当者もそのような認識を有していなかった。

2 平成13年3月28日，環境基本法16条1項に基づき，人の健康を保護し，及び生活環境を保全する上で維持されることが望ましい基準として定められた平成3年8月環境庁告示第46号（土壌の汚染に係る環境基準について）の改正により，土壌に含まれるふっ素についての環境基準が新たに告示された。

平成15年2月15日，土壌汚染対策法及び土壌汚染対策法施行令が施行された。同法2条1項は，「特定有害物質」とは，鉛，砒素，トリクロロエチレンその他の物質（放射性物質を除く）であって，それが土壌に含まれることに起因して人の健康に係る被害を生ずるおそれがあるものとして政令で定めるものをいう旨を定めるところ，ふっ素及びその化合物は，同令1条21号において，同法2条1項に規定する特定有害物質と定められ，上記特定有害物質については，同法（平成21年法律第23号による改正前のもの）5条1項所定の環境省令で定める基準として，土壌汚染対策法施

行規則（平成22年環境省令第1号による改正前のもの）18条，別表第2及び第3において，土壌に水を加えた場合に溶出する量に関する基準値（以下「溶出量基準値」という）及び土壌に含まれる量に関する基準値（以下「含有量基準値」という）が定められた。そして，土壌汚染対策法の施行に伴い，都民の健康と安全を確保する環境に関する条例（平成12年東京都条例第215号）115条2項に基づき，汚染土壌処理基準として定められた都民の健康と安全を確保する環境に関する条例施行規則（平成13年東京都規則第34号）56条及び別表第12が改正され，同条例2条12号に規定された有害物質であるふっ素及びその化合物に係る汚染土壌処理基準として上記と同一の溶出量基準値及び含有量基準値が定められた。

3 本件土地につき，上記条例117条2項に基づく土壌の汚染状況の調査が行われた結果，平成17年11月2日ころ，その土壌に上記の溶出量基準値及び含有量基準値のいずれをも超えるふっ素が含まれていることが判明した。

4 本件は，Y会社との間で売買契約を締結して土地を買い受けたXが，Y会社に対し，上記土地の土壌に，それが土壌に含まれることに起因して人の健康に係る被害を生ずるおそれがあるものとして上記売買契約締結後に法令に基づく規制の対象となったふっ素が基準値を超えて含まれていたことから，このことが民法570条にいう瑕疵に当たると主張して，瑕疵担保による損害賠償を求める事案である。

5 本件訴訟において，控訴審は，次のとおり判断した。
「居住その他の土地の通常の利用を目的として締結される売買契約の目的物である土地の土壌に，人の健康を損なう危険のある有害物質が上記の危険がないと認められる限度を超えて含まれていないことは，上記土地が通常備えるべき品質，性能に当たるというべきであるから，売買契約の目的物である土地の土壌に含まれていた物質が，売買契約締結当時の取引観念上は有害であると認識されていなかったが，その後，有害であると社会

的に認識されたため，新たに法令に基づく規制の対象となった場合であっても，当該物質が上記の限度を超えて上記土地の土壌に含まれていたことは，民法570条にいう瑕疵に当たると解するのが相当である。したがって，本件土地の土壌にふっ素が上記の限度を超えて含まれていたことは，上記瑕疵に当たるというべきである。」

Ⅱ 問 題

→ 控訴審判決の判断につき問題点を取り上げ，説明せよ。

Ⅲ 判例の考え方

1 本件訴訟においては，民法570条所定の瑕疵の有無が主要な争点となり，具体的には本件土地の売買契約の当時は土壌内の化学物質につき法令上の規制がなく，取引観念上有害であると認識されていなかったが，その後法令が制定され，規制の対象となり，規制値を超えるに至った場合，上記の瑕疵が認められるかが問題になったものであり，控訴審判決は，これを肯定するものである。

2 売買契約の当事者間において目的物がどのような品質・性能を有することが予定されていたかについては，売買契約締結当時の取引観念をしんしゃくして判断すべきところ，本問の事実関係によれば，本件売買契約締結当時，取引観念上，ふっ素が土壌に含まれることに起因して人の健康に係る被害を生ずるおそれがあるとは認識されておらず，Xの担当者もそのような認識を有していなかったのであり，ふっ素が，それが土壌に含まれることに起因して人の健康に係る被害を生ずるおそれがあるなどの有害物質として，法令に基づく規制の対象となったのは，本件売買契約締結後であったというのである。そして，本件売買契約の当事者間において，本件土地が備えるべき属性として，その土壌に，ふっ素が含まれていないことや，本件売買契約締結当時に有害性が認識されていたか否かにかかわらず，人の健康に係る被害を生ずるおそれのある一切の物質が含まれていないことが，特に予定されていたとみるべき事情もうかがわれない。

3 そうすると，本件売買契約締結当時の取引観念上，それが土壌に含まれることに起因して人の健康に係る被害を生ずるおそれがあるとは認識されていなかったふっ素について，本件売買契約の当事者間において，それが人の健康を損なう限度を超えて本件土地の土壌に含まれていないことが予定されていたものとみることはできず，本件土地の土壌に溶出量基準値及び含有量基準値のいずれをも超えるふっ素が含まれていたとしても，そのことは，民法570条にいう瑕疵には当たらないというべきである。した

がって，瑕疵を肯定した控訴審判決はその判断を誤ったというべきである。

Ⅳ　関連問題・参考判例・関連判例・参考文献

関連問題
→ 売買契約上の瑕疵担保責任の要件と各要件の意義を概説せよ。

参考判例
＊最3小判平成22・6・1民集64巻4号953頁

関連判例
＊最1小判昭和41・4・14民集20巻4号649頁
→ 買主が居宅の敷地として使用する目的を表示して買い受けた土地の約8割の部分が都市計画街路の境域地内に存するため，たとえ買主が居宅を建築しても早晩その全部又は一部を撤去しなければならず，計画街路の公示が売買契約成立の十数年以前に告示の形式でなされているため，買主において右告示の存在を知らなかったことについて過失があるとはいえない場合には，民法570条，の瑕疵があるといえる。

＊最3小判平成3・4・2民集45巻4号349頁
→ 建物とその敷地の賃借権が売買の目的とされた場合，敷地に賃貸人において修繕義務を負担すべき欠陥があったとしても，賃貸人に対する債権としての賃借権の欠陥ということはできないから，売買の目的物に瑕疵があるとはいえない。

参考文献
＊大塚直・ジュリ1407号66頁
＊松村弓彦・金判1354号7頁
＊加藤了・判自336号93頁
＊榎本光宏・ジュリ1416号85頁
＊馬橋隆紀＝小林信之・判自338号4頁
＊半田吉信・判評625（判時2099）号10頁
＊吉政知弘・民商143巻4＝5号36頁
＊潮見佳男・リマークス43号38頁
＊加藤新太郎・平成22年度主民解86頁
＊田中宏治・平成22年度重判解96頁

事例 36

I 事実関係

1 昭和33年12月ころ、X株式会社の代表取締役はAであり、Aの長男のB及び二男のYは、いずれもX会社の取締役であった。

2 Aは、同月ころ、X会社の所有に係る別紙物件目録（省略）記載の土地（本件土地）上に木造瓦葺き2階建ての同目録記載の建物（本件建物）を建築してYに取得させるとともに、本件土地を本件建物の敷地としてYに無償で使用させた。X会社とYの間に本件建物所有を目的とするための本件土地の使用に関する契約書は取り交わされなかった。

　その後、A夫婦とYは、本件建物で同居していたが、Aは、昭和47年2月26日に死亡した。

3 Aの死後、X会社の経営をめぐってBとYの利害が対立し、Yから株主総会決議不存在確認訴訟が提起され、仮処分により代表取締役職務代行者が選任された。前記訴訟はYの勝訴で確定したが、X会社の営業実務は前記職務代行者選任中からBが担当してきた。

4 Yは、平成4年1月23日以降、X会社の取締役の地位を喪失している。

5 本件建物は、いまだ朽廃には至っておらず、使用可能な状態にある。

6 Bは、X会社の所有地のうち本件土地に隣接する部分に自宅及びマンションを建築しているが、Yには、本件建物以外に居住すべきところがない。

7 Bは，X会社においてビルの建築を計画しており，本件土地を有効利用のために本件土地の返還が必要であるなどと言っているが，実際には，本件土地の使用を必要とする特別の事情が生じているわけではない。

Ⅱ 問　題

→ 以上の事案について，XがYに対して本件土地に係る訴訟を提起しようとした場合における，この訴訟の訴訟物を紹介するとともに，この訴訟におけるYの反論，Xの再反論を説明せよ。なお，この事案の検討に当たっては，平成8年1月を基準とする。

Ⅲ 判例の考え方

1 XがYに対して本件土地に係る本件訴訟を提起したのは，本問の事実関係によると，Xが本件土地を所有し，Yが本件建物を所有していること，BとYが対立していることが認められ，この事実にXの意向に照らすと，Xが本件土地の所有権に基づき本件建物の収去，本件土地の明渡しを請求したものということができる。したがって，本件訴訟の訴訟物は，Xの本件土地の所有権に基づく返還請求権であると解することができる。

2 本件では，Yは，Xの代表者であったAから本件建物所有のために本件土地を無償で使用することが認められていたものであるから，Yは，抗弁として使用貸借契約を主張することが考えられる。

3 Yの前記抗弁に対して，Xは，使用貸借の終了を再抗弁として主張することが考えられるが，本件では，本件土地の使用貸借の使用期間が定められていたものとはうかがわれないところであり（民法597条1項参照），また，本件建物が存在することから，契約に定めた目的に従った使用及び収益が終わったものともいえないところであるが（民法597条2項本文参照），本件土地の使用貸借においては，民法597条2項ただし書所定の使用収益をするのに足りるべき期間が経過したことを主張することが可能である。

使用収益をするのに足りるべき期間が経過したかどうかは，経過した年月，土地が無償で貸借されるに至った特殊な事情，その後の当事者間の人的つながり，土地使用の目的，方法，程度，貸主の土地使用を必要とする緊要度など双方の諸事情を比較衡量して判断すべきものであると解するのが相当である（判例）。

4 前記*3*の基準に照らして本件をみると，本件使用貸借の目的は本件建物の所有にあるが，Yが昭和33年12月ころ本件使用貸借に基づいて本件土地の使用を始めてから既に38年余の長年月を経過し，この間に，本件

建物でYと同居していたAは死亡し，その後，Xの経営をめぐってBとYの利害が対立し，Yは，Xの取締役の地位を失い，本件使用貸借成立時と比べて貸主であるXと借主であるYの間の人的つながりの状況は著しく変化しており，これらは，使用収益をするのに足りるべき期間の経過を肯定するのに役立つ事情というべきである。他方，本件建物がいまだ朽廃していないことは考慮すべき事情であるとはいえない。そして，前記長年月の経過等の事情が認められる本件においては，Yには本件建物以外に居住するところがなく，また，Xには本件土地を使用する必要等特別の事情が生じていないというだけでは使用収益をするのに足りるべき期間の経過を否定する事情としては不十分であるといわざるを得ない。

これらの事情を考慮すると，本件使用貸借は，民法597条2項ただし書所定の使用収益をするのに足りるべき期間を経過したものと認めるのが相当である。

Ⅳ　関連問題・参考判例・関連判例・参考文献

関連問題

→ 不動産の使用貸借契約において，使用期間を定めなかった場合，不動産の返還の時期はいつになるかを説明せよ。

参考判例

＊最1小判平成11・2・25判時1670号18頁

関連判例

＊最2小判昭和42・11・24民集21巻9号2460頁
→ 父母所有の土地を無償で借りて，長男がその経営する会社の建物を建て，その経営から生ずる収益で老父母を扶養し，余力があれば，生活能力のない他の兄弟の面倒もみることが期待されていたのに，さしたる理由もなく父母の扶養を止め，兄弟とも往来を絶ち，使用貸借関係の基礎となった信頼関係が崩壊した場合，民法597条2項の類推適用により，使用貸借の解約の効力が認められる。

参考文献

＊下村正明・判評 490（判時 1688）号 38 頁
＊岡本岳・平成 11 年度主民解 86 頁

事例 37

I 事実関係

1 Y株式会社は，自動車販売等を業とする会社であり，平成6年にA株式会社を吸収合併した。

A会社は，Bを従業員として雇用し，自動車販売に従事させていた。Bは，昭和61年5月以降，A会社のE営業所長の職にあった。

2 Xは，個人で又は平成元年10月に設立したC株式会社の代表者として，自動車販売業を営む者である。

Xは，D株式会社との間で「オートローン制度取扱に関する契約」を締結し，顧客に自動車を販売するに当たり，代金の分割払を希望する顧客からの申出により，顧客とD会社との間のオートローン契約の締結を仲介していた。

3 Bは，販売実績を挙げたように見せかけるため，実際には販売されていない自動車が販売されたと本社に報告し，新車登録をしていた。Bは，その代金の穴埋めのために，オートローン契約を利用した仮装の自動車販売を企て，知人に仮装の買主となることの承諾を得た上，Xに仮装の買主のためにオートローン契約を使うことを依頼し，その了承を得た。

4 Xは，昭和63年4月21日ころから平成元年10月25日ころまでの間，Bの依頼に応じ，D会社と仮装の買主33名との間の架空のオートローン契約の締結を仲介し，これにより，D会社は，売買代金合計3303万8681円をXに立替払した。Xは，ほぼその全額をBに交付した。

5 BとXとの上記共同不法行為における責任割合は，6対4である。

6 D会社は，平成2年1月，Xに対し，上記オートローン制度取扱契約の債務不履行に基づく損害賠償金3303万8681円及びこれに対する訴状送達の日の翌日から支払済みまで年6分の割合による遅延損害金の支払を求める別件訴訟を提起した。

7 D会社とXは，平成7年1月20日，別件訴訟において，(1)Xは，D会社に対し，XがBと共同してD会社に加えた損害につき，2000万円の支払義務があることを認める，(2)D会社はその余の請求を放棄する，との内容の訴訟上の和解（以下「本件和解」という）をし，同日，XはD会社に和解金2000万円を支払った。

8 Xは，Y会社に対して求償金の支払を請求した。

Ⅱ 問題

→ 以上の事実関係の下において，XとYとの法律関係の基本的な考え方を説明せよ。

Ⅲ　判例の考え方

1　本問は，要するに，共同不法行為者の1人と被害者との間で損害賠償に関する訴訟上の和解が成立した場合において，この和解による損害賠償債務の免除の効力が他の共同不法行為者に対しても及ぶかを問題とするものであるから，以下，この問題に関する基本的な考え方を検討する。

2　一般的に，甲と乙が共同の不法行為により他人に損害を加えた場合において，甲が乙との責任割合に従って定められるべき自己の負担部分を超えて被害者に損害を賠償したときは，甲は，乙の負担部分について求償することができると解することができる（判例）。

　この場合，甲と乙が負担する損害賠償債務は，不真正連帯債務であるから，甲と被害者との間で訴訟上の和解が成立し，請求額の一部につき和解金が支払われるとともに，和解調書中に「被害者はその余の請求を放棄する」旨の条項が設けられ，被害者が甲に対し残債務を免除したと解し得るときでも，連帯債務における免除の絶対的効力を定めた民法437条の規定は適用されず，乙に対して当然に免除の効力が及ぶものではないと解される（判例）。

　しかし，被害者が，前記訴訟上の和解に際し，乙の残債務をも免除する意思を有していると認められるときは，乙に対しても残債務の免除の効力が及ぶものというべきである。

　この場合には，乙はもはや被害者から残債務を訴求される可能性はないのであるから，甲の乙に対する求償金額は，確定した損害額である前記訴訟上の和解における甲の支払額を基準とし，双方の責任割合に従いその負担部分を定めて，これを算定するのが相当であると解される。

3　以上の理は，本件のように，被用者であるBがその使用者であるAの事業の執行につき第三者Xとの共同の不法行為により他人であるDに損害を加えた場合において，上記第三者Xが，自己と被用者Bとの責任割合に従って定められるべき自己の負担部分を超えて被害者Dに損害を賠償し，

被用者Bの負担部分について使用者A（本件では，YがAを吸収合併している）に対し求償する場合においても異なるところはない（判例）。

Ⅳ 関連問題・参考判例・関連判例・参考文献

関連問題
→ 共同不法行為者の被害者に対する関係の責任の性質，内容を説明せよ。

参考判例
＊最1小判平成10・9・10民集52巻6号1494頁

関連判例
＊最2小判昭和63・7・1民集42巻6号451頁
→ 被用者が使用者の事業の執行につき第三者との共同の不法行為により他人に損害を加えた場合，第三者が自己と被用者との過失割合に従って定められるべき自己の負担部分を超えて被害者に損害を賠償したときは，第三者は被用者の負担部分について使用者に対し求償できる。

＊最2小判平成3・10・25民集45巻7号1173頁
→ 加害者を指揮監督する複数の使用者がそれぞれ使用者責任を負う場合，各使用者の負担部分は，加害者の加害行為の態様及びこれと各使用者の事業の執行との関連性の程度，加害者に対する各使用者の指揮監督の強弱などを考慮して定められるべきであり，使用者の一方が，その負担部分を超えて損害を賠償したときは，その超える部分につき，使用者の他方に対してその負担部分の限度で求償できる。

参考文献
＊平野裕之・リマークス19号35頁
＊青野博之・判評483（判時1667）号35頁
＊淡路剛久・平成10年度重判解79頁

事例 38

I 事実関係

　Aは，平成9年3月4日，死亡した。Aの相続人は，妻であるB，子であるX，Y，C，Dである。共同相続人間で遺産分割の協議が行われたが，紛糾し，Xは，Yが遺言書を隠匿し，又は破棄したと主張した。Xは，Yのみを被告としてYがAの相続人の地位を有しないことの確認を請求する訴訟を提起した。

II 問題

→ 以上の事実関係において，本件訴訟の適法性を簡潔に説明せよ。

Ⅲ 判例の考え方

　共有の場合，共有者が第三者に対し，共有持分権の確認を請求する訴訟や，共有者相互間の共有権の確認を請求する訴訟は，各共有者が単独で提起することができるとするのが判例であるところ，相続権不存在確認訴訟は，共有持分権不存在確認訴訟と類似のものであるから，必要的共同訴訟に当たらないと解すべきであるといった主張をすることが考えられる。

　しかしながら，被相続人の遺産につき特定の共同相続人が相続人の地位を有するか否かの点は，遺産分割をすべき当事者の範囲，相続分及び遺留分の算定等の相続関係の処理における基本的な事項の前提となる事柄である。

　共同相続人が，他の共同相続人に対し，その者が被相続人の遺産につき相続人の地位を有しないことの確認を求める訴えは，当該他の共同相続人に相続欠格事由があるか否か等を審理判断し，遺産分割前の共有関係にある当該遺産につきその者が相続人の地位を有するか否かを既判力をもって確定することにより，遺産分割審理の手続等における上記の点に関する紛議の発生を防止し，共同相続人間の紛争解決に資することを目的とするものである。

　このような上記訴えの趣旨，目的に鑑みると，上記訴えは，共同相続人全員が当事者として関与し，その間で合一にのみ確定することを要するものというべきであり，固有必要的共同訴訟と解するのが相当である。

　したがって，本件訴えは，不適法であり，却下すべきものである。

Ⅳ 関連問題・参考判例・関連判例・参考文献

関連問題

→ 固有必要的共同訴訟とされる訴訟の具体例を挙げよ。

参考判例

＊最3小判平成16・7・6民集58巻5号1319頁

関連判例

＊最 3 小判平成元・3・28 民集 43 巻 3 号 167 頁
→ 遺産確認の訴えは，財産が現に共同相続人による遺産分割前の共有関係にあることの確認を求める訴えであり，その原告勝訴の確定判決は，当該財産が遺産分割の対象である財産であることを既判力をもって確定し，これに続く遺産分割審判の手続及び同審判の確定後において，当該財産の遺産帰属性を争わせないことによって共同相続人間の紛争の解決に資するのであるから，固有必要的共同訴訟である。

＊最 3 小判平成 6・1・25 民集 48 巻 1 号 41 頁
→ 遺産確認の訴えは，共同相続人全員について判決による紛争解決が矛盾なくなされることが要請される固有必要的共同訴訟と解すべきところ，いったんその全員が関与して遺産確認の訴えが適法に係属した後，第 1 審において原告側が被告側共同訴訟人のうち一部の者に対する訴えを取り下げた場合には，この効力を認めることは本件訴訟の本質と相容れないから，本件訴え取下げは効力を生じない。

＊最 2 小判平成 10・3・27 民集 52 巻 2 号 661 頁
→ 商法 257 条 3 項（現会社法 854 条）の取締役解任の訴えは，会社と取締役との間の法律関係の解消を目的とする形成の訴えであるから，その法律関係の当事者である双方を被告とすべき固有必要的共同訴訟である。

参考文献

＊堤龍弥・平成 16 年度重判解 132 頁
＊和田吉弘・法セミ 601 号 123 頁
＊太田晃詳・ジュリ 1287 号 122 頁
＊福山達夫・判評 566（判時 1918）号 31 頁

事例 39

I　事実関係

1　Aは，別紙目録（省略）記載の土地を所有していたところ，平成3年7月3日に死亡した。Aの相続人はB（長男），Y（二男），X（三男），C（長女）の4名である。

Aは，遺言公正証書を作成していたが，その内容の要旨は次のとおりである。

　(1)　本件土地の持分2分の1をBに，持分2分の1をXに相続させる。
　(2)　都内D区所在の土地建物をYに相続させる。
　(3)　預貯金のうちから2000万円をCに相続させる。
　(4)　預貯金の残額は，遺言執行者の責任において，遺言者の負担すべき公租公課，医療費その他相続税の支払等に充当する。
　(5)　Yを祖先の祭祀主宰者及び遺言執行者に指定する。

2　Xは，本件土地を占有している。

3　Xは，Aの遺言執行者であるYに対して，本件土地につきXがAとの間で締結した賃貸借契約に基づく賃借権を有することの確認を求める訴訟を提起した。

II　問題

→ 本件訴訟において問題になった民事訴訟法上の問題を取り上げ，検討し，説明せよ。

Ⅲ　判例の考え方

1　本件訴訟において被告になっているのは，遺言執行者であり，遺言執行者が本件訴訟の被告適格を有するかが問題になっていると考えられる。

2　特定の不動産を特定の相続人に相続させる趣旨の遺言をした遺言者の意思は，その相続人に相続開始と同時に遺産分割手続を経ることなく当該不動産の所有権を取得させることにあるから（判例），その占有，管理についても，その相続人が相続開始時から所有権に基づき自らこれを行うことを期待しているのが通常であると考えられ，前記の趣旨の遺言がされた場合においては，遺言執行者があるときでも，遺言書に当該不動産の管理及び相続人への引渡しを遺言執行者の職務とする旨の記載があるなどの特段の事情のない限り，遺言執行者は，当該不動産を管理する義務や，これを相続人に引き渡す義務を負わないと解される。

そうすると，遺言執行者があるときであっても，遺言によって特定の相続人に相続させるものとされた特定の不動産についての賃借権確認請求訴訟の被告適格を有する者は，前記特段の事情のない限り，遺言執行者ではなく，前記の相続人であるというべきである。

3　これを本件についてみると，本件土地はAの死亡時にBとXが相続によりそれぞれ持分2分の1ずつを取得したものであり，前記の特段の事情も認められないから，本件訴訟の被告適格を有するのは，遺言執行者であるYではなく，Bであり，Yを被告とする本件訴訟は不適法なものというべきである。

Ⅳ　関連問題・参考判例・関連判例・参考文献

関連問題
→ 遺言執行者の法的な地位を説明せよ。

参考判例

＊最 2 小判平成 10・2・27 民集 52 巻 1 号 299 頁

関連判例

＊最 2 小判昭和 43・5・31 民集 22 巻 5 号 1137 頁
→ 特定不動産の遺贈の執行として所有権移転登記手続を受遺者が請求する場合，被告適格を有する者は遺言執行者に限られる。

＊最 2 小判昭和 51・7・19 民集 30 巻 7 号 706 頁
→ 遺言の執行として既に受遺者に所有権移転登記がされている場合，相続人は，遺言執行者でなく受遺者を被告として抹消登記を請求すべきである。

＊最 3 小判平成 7・1・24 判時 1523 号 81 頁
→ 遺言により所有権を取得した相続人は単独で登記手続をすることができる。

＊最 1 小判平成 11・12・16 民集 53 巻 9 号 1989 頁
→ 特定の不動産を特定の相続人甲に相続させる旨の遺言により，甲への所有権移転登記がされる前に，他の相続人が当該不動産につき自己名義の所有権移転登記を経由し，遺言の実現が妨害される状態が出現した場合，遺言執行者は，所有権移転登記の抹消登記手続のほか，甲への真正な登記名義の回復を原因とする所有権移転登記手続を請求できる。

参考文献

＊福永有利・リマークス 19 号 76 頁
＊竹下史郎・平成 10 年度主民解 172 頁
＊畑瑞穂・平成 10 年度重判解 125 頁

事例 40

I 事実関係

1 Aは，昭和55年12月22日，自筆証書により，その所有する不動産，株式，預貯金をすべてXに遺贈する旨の遺言（以下「本件遺言」という）をした。

2 Aは，平成3年8月2日に死亡した。
　Aの法定相続人は，妻であるX並びに子であるB，Y_1，Y_2及びY_3の合計5名である。

3 別紙遺産目録（省略）記載のAの遺産は，本件遺言によりXに対して遺贈されたものであるが，Xを含む相続人らは，平成4年1月8日，前記遺産につき，本件遺言の趣旨とは異なる内容の遺産分割協議（以下「本件遺産分割協議」という）を成立させた。

4 本件遺言書は前記協議の最中に発見され，相続人全員が本件遺言の存在及びその内容を知った。

5 別紙定期預金目録（省略）記載の定期預金債権（以下「本件定期預金」という。なお，前記の遺産目録には記載されていない）も，Aの遺産であり，本件遺言によりXに対して遺贈されたものであるが，前記の協議の時点では，Xを含む相続人らにおいて遺産に属すると認識していなかったため，本件遺産分割協議の対象とはされなかった。

Ⅱ 問　題

→ この事案について，XがY₁ないしY₃に対して本件定期預金について訴訟を提起したが，どのような内容の訴訟を提起したか，その内容を説明し，考えられる主要な争点を指摘するとともに，その争点に対する見解を説明せよ。なお，この事案の検討時点は，平成4年4月1日とする。

Ⅲ　判例の考え方

1　本問の事実関係の下においては，Xは，本件定期預金が自己に帰属するものであることを確定させたいとの意向を有しているから，自己の帰属を争う者に対して自己に帰属することの確認を請求することが必要であり，かつ，それで足りるものということができる。この観点からみると，Xは，Y_1ないしY_3に対し，本件定期預金が自己に帰属することの確認を請求する訴訟を提起したものとみることが合理的である。

　なお，このような内容の本件訴訟は遺産の確認を請求するものではないから，必要的共同訴訟に当たらないと解することができる。

2　本件訴訟における主要な争点は，Aの共同相続人間で本件遺産分割協議が成立していることから，本件遺産分割協議が有効に成立したことにより，本件遺言はその役割を終えたものとみることができ，本件遺言による遺贈の効力は本件定期預金には及ばないかどうかである。

　本問の事実関係によれば，本件定期預金は，本件遺言によりXに対して特定遺贈されたものであるところ，本件遺産分割協議の対象とはされていないし，Xによる遺贈の放棄はされなかったものである。

　本件では，前記遺贈の無効事由についての特段の主張立証のない限り，本件定期預金はAの死亡により直ちにXに帰属したものというべきである。本件遺産分割協議の成立は，前記の遺贈の効力を何ら左右するものではないということができる。

3　以上の次第で，本件遺言による本件定期預金の遺贈の効力は肯定すべきものであるから，Xの本件訴訟の請求は認容するのが相当である。

Ⅳ 関連問題・参考判例・関連判例・参考文献

関連問題

→ 遺産の一部につき遺産分割協議をすることができるか,またいったん遺産分割協議が成立した後,合意解除して新たに遺産分割協議をすることができるかを説明せよ。

参考判例

＊最1小判平成 12・9・7 金法 1597 号 73 頁

関連判例

＊最2小判昭和 58・3・18 家月 36 巻 3 号 143 頁

→ 遺言の解釈に当たっては,遺言書の文言を形式的に判断するだけではなく,遺言者の真意を探究すべきものであり,遺言書が多数の条項からなる場合にそのうちの特定の条項を解釈するに当たっても,単に遺言書の中から当該条項のみを他から切り離して抽出しその文言を形式的に解釈するだけでは十分ではなく,遺言書の全記載との関連,遺言書作成当時の事情及び遺言者の置かれていた状況などを考慮して遺言者の真意を探究し当該条項の趣旨を確定すべきである。

＊最3小判平成 5・1・19 民集 47 巻 1 号 1 頁

→ 受遺者を明示することなく,遺産の「全部を公共に寄与する」とした遺言は,この目的を達成することができる国又は地方公共団体等にその遺産の全部を包括遺贈する趣旨であると解され,有効である。

参考文献

＊丹東波州・金法 1600 号 102 頁

事例 41

I 事実関係および問題

　遺留分減殺の対象としての要件を満たす贈与を受けた者が，この贈与に基づいて目的物の占有を取得し，民法162条所定の期間，平穏かつ公然にこれを継続し，取得時効を援用した場合において，この贈与に対する減殺請求による遺留分権利者へのこの目的物についての権利の帰属に関する判例の内容を簡潔に説明するとともに，そのように考える根拠を説明せよ。

II　判例の考え方

1　被相続人がした贈与が遺留分減殺の対象としての要件を満たす場合には，遺留分権利者の減殺請求により，贈与は遺留分を侵害する限度において失効し，受贈者が取得した権利はこの限度で当然に当該遺留分権利者に帰属するに至るものであると解するのが判例であり，また，この場合，受贈者が，当該贈与に基づいて目的物の占有を取得し，民法162条所定の期間，平穏かつ公然にこれを継続し，取得時効を援用したとしても，それによって，遺留分権利者への権利の帰属が妨げられるものではないと解するのが相当であるとするのが判例である。

2　民法の遺留分減殺制度をみると，民法は，遺留分減殺によって法的安定が害されることに対し一定の配慮をしながら（例えば，民法1030条前段，1035条，1042条等の規定），遺留分減殺の対象としての要件を満たす贈与については，それが減殺請求の何年前にされたものであるかを問わず，減殺の対象となるものとしているし，前記のような占有を継続した受贈者が贈与の目的物を時効取得し，減殺請求によっても受贈者が取得した権利が遺留分権利者に帰属することがないとするならば，遺留分を侵害する贈与がされてから被相続人が死亡するまでに時効期間が経過した場合には，遺留分権利者は，取得時効を中断する法的手段のないまま，遺留分に相当する権利を取得できない結果となる。

　これらの事情にかんがみると，遺留分減殺の対象としての要件を満たす贈与の受贈者は，減殺請求がされれば，贈与から減殺請求までに時効期間が経過したとしても，自己が取得した権利が遺留分を侵害する限度で遺留分権利者に帰属することを容認すべきであるとするのが，民法の趣旨であると解される。

Ⅲ　関連問題・参考判例・関連判例・参考文献

関連問題
→ 遺留分減殺請求権を行使するに当たって，行使の方法と行使による法的な効果を説明せよ。

参考判例
*最1小判平成11・6・24民集53巻5号918頁

関連判例
*最1小判昭和41・7・14民集20巻6号1183頁
→ 減殺請求権の行使は受贈者又は受遺者に対する意思表示によってすれば足り，必ずしも裁判上の請求による必要はなく，いったん減殺の意思表示がされた以上，法律上当然に減殺の効力を生じる。

*最1小判平成10・6・11民集52巻4号1034頁
→ 遺留分減殺の意思表示を記載した内容証明郵便が受取人不在のため配達されず，受取人が受領しないまま留置期間を経過したため差出人に還付された場合，郵便の内容である遺留分減殺の意思表示は，社会通念上，了知可能な状態に置かれ，遅くとも留置期間が満了した時点で受取人に到達したものとする。

参考文献
*潮見佳男・リマークス21号86頁
*前田陽一・判評499（判時1715）号23頁
*伊藤昌司・平成11年度重判解92頁
*森田宏樹・家族法百選202頁

事例 42

I 事実関係

1 A（大正9年2月19日生）は，平成16年12月7日に死亡した。X及びY$_1$・Y$_2$は，Aの子である。

2 Aは，平成10年12月7日，Aの遺産につき，遺産分割の方法を指定する公正証書遺言（以下「本件遺言」という）をした。

3 Y$_1$・Y$_2$は，平成17年12月2日ころ，Xに対し，遺留分減殺請求の意思表示（以下「本件遺留分減殺請求」という）をし，Xは，遅くとも本件訴訟の提起をもって，Y$_1$・Y$_2$に対し，本件遺言による遺産分割の方法の指定がY$_1$らの遺留分を侵害するものである場合は民法1041条所定の価額を弁償する旨の意思表示をした。

4 Y$_1$・Y$_2$は，Xに対し，遺留分減殺に基づく目的物の返還請求も価額弁償請求もいまだ行っていない。

5 本件訴訟の訴状には，請求の趣旨として，①Y$_1$はAの相続についてXに対する遺留分減殺請求権を有しないことの確認を求める旨，②Y$_2$がAの相続についてXに対して有する遺留分減殺請求権は2770万3582円を超えて存在しないことの確認を求める旨の記載がある（以下，XのY$_1$・Y$_2$に対する上記確認請求を併せて「本件各確認請求」といい，本件各確認請求に係る訴えを併せて「本件各確認の訴え」という）。

　Xは，本件訴訟の控訴審の第1回口頭弁論期日において，価額弁償をす

べき額を確定したいため，本件各確認の訴えを提起したものである旨を述べた。

Ⅱ 問　題

→ 以上の事実関係において，XがY₁・Y₂に対して提起した本件訴訟につき，訴訟上の問題点を指摘し，説明せよ。

III 判例の考え方

1 本件訴訟は、本問の事実関係に照らすと、Aの共同相続人の1人であり、Aの遺言に基づきその遺産の一部を相続により取得し、他の共同相続人であるY₁らから遺留分減殺請求を受けたXが、Y₁はAの相続についてXに対する遺留分減殺請求権を有しないことの確認を求める旨及びY₂がAの相続についてXに対して有する遺留分減殺請求権は2770万3582円を超えて存在しないことの確認を求める旨を訴状に記載して提起した各訴えにつき、確認の利益の有無が問題となっていると考えることができる。

本件においては、Y₁に対する訴えは、Y₁の遺留分につき価額弁償をすべき額がないことの確認を求めるものであり、その確認の利益の有無が問題になるし、Y₂に対する訴えは、受遺者又は受贈者が価額弁償をして遺贈又は贈与の目的物の返還義務を免れるためには現実の履行又は履行の提供を要するのであって、潜在的な価額弁償請求権の存否又はその金額を判決によって確定しても、それが現実に履行されることが確実であると一般的にはいえないため、確認の利益の有無が問題になる。

2 Y₁に対する確認の訴えについては、本問の事実関係等によれば、これを合理的に解釈すれば、本件遺言による遺産分割の方法の指定はY₁の遺留分を侵害するものではなく、本件遺留分減殺請求がされても、上記指定によりXが取得した財産につき、Y₁が持分権を取得することはないとして、上記財産につきY₁が持分権を有していないことの確認を求める趣旨に出るものであると理解することが可能である。そして、上記の趣旨の訴えであれば、確認の利益が認められることが明らかである。

3 Y₂に対する確認の訴えについては、次のとおり指摘することができる。
ア 一般に、遺贈につき遺留分権利者が遺留分減殺請求権を行使すると、遺贈は遺留分を侵害する限度で失効し、受遺者が取得した権利は上記限度で当然に減殺請求をした遺留分権利者に帰属するが、この場合、受遺者は、遺留分権利者に対し同人に帰属した遺贈の目的物を返還すべき義務を

負うものの，民法1041条の規定により減殺を受けるべき限度において遺贈の目的物の価額を弁償し，又はその履行の提供をすることにより，目的物の返還義務を免れることができると解される（判例）。

　これは，特定の遺産を特定の相続人に相続させる旨の遺言による遺産分割の方法の指定が遺留分減殺の対象となる本件のような場合においても異ならない（以下，受遺者と上記の特定の相続人を併せて「受遺者等」という）。そうすると，遺留分権利者が受遺者等に対して遺留分減殺請求権を行使したが，いまだ価額弁償請求権を確定的に取得していない段階においては，受遺者等は，遺留分権利者に帰属した目的物の価額を弁償し，又はその履行の提供をすることを解除条件として，上記目的物の返還義務を負うものということができ，このような解除条件付きの義務の内容は，条件の内容を含めて現在の法律関係というに妨げなく，確認の対象としての適格に欠けるところはないというべきである。

　イ　遺留分減殺請求を受けた受遺者等が民法1041条所定の価額を弁償し，又はその履行の提供をして目的物の返還義務を免れたいと考えたとしても，弁償すべき額につき関係当事者間に争いがあるときには，遺留分算定の基礎となる遺産の範囲，遺留分権利者に帰属した持分割合及びその価額を確定するためには，裁判等の手続において厳密な検討を加えなくてはならないのが通常であり，弁償すべき額についての裁判所の判断なくしては，受遺者等が自ら上記価額を弁償し，又はその履行の提供をして遺留分減殺に基づく目的物の返還義務を免れることが事実上不可能となりかねないことは容易に想定されるところである。弁償すべき額が裁判所の判断により確定されることは，上記のような受遺者等の法律上の地位に現に生じている不安定な状況を除去するために有効，適切であり，受遺者等において遺留分減殺に係る目的物を返還することと選択的に価額弁償をすることを認めた民法1041条の規定の趣旨にも沿うものである。

　そして，受遺者等が弁償すべき額が判決によって確定されたときはこれを速やかに支払う意思がある旨を表明して，上記の額の確定を求める訴えを提起した場合には，受遺者等がおよそ価額を弁償する能力を有しないなどの特段の事情がない限り，通常は上記判決確定後速やかに価額弁償がさ

れることが期待できるし，他方，遺留分権利者においては，速やかに目的物の現物返還請求権又は価額弁償請求権を自ら行使することにより，上記訴えに係る訴訟の口頭弁論終結の時と現実に価額の弁償がされる時との間に隔たりが生じるのを防ぐことができるのであるから，価額弁償における価額算定の基準時は現実に弁償がされる時であること（判例）を考慮しても，上記訴えに係る訴訟において，この時に最も接着した時点である事実審の口頭弁論終結の時を基準として，その額を確定する利益が否定されるものではない。

　ウ　以上によれば，遺留分権利者から遺留分減殺請求を受けた受遺者等が，民法1041条所定の価額を弁償する旨の意思表示をしたが，遺留分権利者から目的物の現物返還請求も価額弁償請求もされていない場合において，弁償すべき額につき当事者間に争いがあり，受遺者等が判決によってこれが確定されたときは速やかに支払う意思がある旨を表明して，弁償すべき額の確定を求める訴えを提起したときは，受遺者等においておよそ価額を弁償する能力を有しないなどの特段の事情がない限り，上記訴えには確認の利益があるというべきである。

　エ　これを本件についてみるに，本問の事実関係によれば，Y_2に対する確認の訴えは，Y_2の本件遺留分減殺請求によりY_2に帰属するに至った目的物につき，Xが民法1041条の規定に基づきその返還義務を免れるために支払うべき額が2770万3582円であることの確認を求める趣旨をいうものであると解されるから，Xにおいて上記の額が判決によって確定されたときはこれを速やかに支払う意思がある旨を表明していれば，特段の事情がない限り，上記訴えには確認の利益があるというべきである。

Ⅳ　関連問題・参考判例・関連判例・参考文献

関連問題

➡ 確認の訴え，給付の訴え，形成の訴えの各利益を説明せよ。

参考判例

＊最2小判平成21・12・18民集63巻10号2900頁

関連判例

＊最1小判平成6・10・13判時1558号27頁
→ 特別縁故者として相続財産の分与を受ける可能性がある者は，分与を受ける権利が家庭裁判所における審判によって形成される権利にすぎず，審判前に相続財産に対し私法上の権利を有するものではないから，遺言の無効確認を求める法律上の利益を有するとはいえない。

＊最3小判平成7・3・7民集49巻3号893頁
→ 特定の財産が特別受益財産であることの確認を求める訴えは，確認の利益を欠く。

＊最1小判平成12・2・24民集54巻2号523頁
→ 民法903条中の相続分は，遺産分割手続における分配の前提となるべき計算上の価額又はその価額の遺産の総額に対する割合を意味し，実体法上の権利関係であるとはいえず，共同相続人間で同相続分についてその価額又は割合の確認を求める訴えは，確認の利益を欠く。

参考文献

＊徳田和幸・民商142巻2号65頁
＊川淳一・判評624（判時2096）号13頁
＊本間靖規・リマークス42号110頁
＊倉澤守春・平成22年度主民解198頁
＊渡部美由紀・平成22年度重判解159頁

事例 43

I 事実関係

1 　Y株式会社は，Xの妻Bが，昭和59年8月から同60年4月にかけて，Y会社が発行したX名義のクレジットカードを利用したことによる貸金債務及び立替金債務の支払が滞りがちであったため，同年11月，Xに対し，通知書を送付したり，電話をかけたりして，債務等合計42万円余の支払を督促した。

　　Xは，自分はこの契約の存在を初めて知ったものであり，Bが契約したらしいなどと述べつつも，この債務の分割払いに応じる姿勢を示していたが，結局同年12月に合計4万円が支払われるにとどまった。

2 　そこで，Y会社は，昭和61年3月，Xに対し，Bがこのクレジットカードを利用したことによるX名義の前記貸金の残金26万5312円等及び上記立替金の残金7万9652円等の支払を求めて，A簡易裁判所に貸金請求訴訟及び立替金請求訴訟をそれぞれ提起した（以下併せて「前訴」という）。

　　A裁判所の担当各裁判所書記官は，Xの住所における訴状等の送達がX不在によりできなかったため，Y会社に対し，訴状記載の住所にXが居住しているか否か及びXの就業場所等につき調査の上，回答するよう求める照会書をそれぞれ送付した。

3 　その当時，Xは，C市内のD株式会社に勤務していたが，たまたま昭和61年1月から東京都内に長期出張をして，D会社が下請をした業務に従事中であり，同年4月20日ころ帰ってくる予定であった。

D会社においては，出張中の社員あての郵便物がD会社に送付されたときは社員の出張先に転送し，出張中の社員と連絡を取りたいとの申出があったときは連絡先を伝える手はずをとっていた。

　また，Xは，昭和60年11月ころ，Y会社からD会社気付でXあてに郵送された支払督促の通知書をD会社の営業所長を介して受領したことがあり，Y会社の担当者に対し，Xあての郵便物を自宅ではなくD会社に送付してほしい旨要望していた。

4　しかし，Y会社の担当者は，A裁判所からの上記照会に際し，裁判所から回答を求められているXの就業場所とは，Xが現実に仕事に従事している場所をいうとの理解の下に，昭和60年11月当時にXから稼働場所として伝えられていたE会社に問い合わせ，Xが本州方面に出張中で昭和61年4月20日ころ帰ってくる旨の回答を受けただけで，更にE会社にXの出張先や連絡方法等を確認するなどの調査をすることなく，貸金請求事件については，同月11日，Xが訴状記載の住所に居住している旨及びXの就業場所が不明である旨を記載した上，「本人は出張で4月20日帰ってきます。家族は訴状記載の住所にいる。」旨を付記して回答し，立替金請求事件については，同月18日，Xが訴状記載の住所に居住している旨及びXの就業場所が不明である旨を記載して回答した。

5　A裁判所の担当各裁判所書記官は，いずれも，上記回答に基づき，Xの就業場所が不明であると判断し，Xの住所あてに各事件の訴状等の付郵便送達を実施した。これらの送達書類は，いずれもX不在のため配達できず，郵便局に保管され，留置期間の経過によりA裁判所に還付された。なお，上記付郵便送達は，A裁判所の昭和58年4月21日付け「民事第1審訴訟の送達事務処理に関する裁判官・書記官との申し合わせ協議結果」による一般的取扱いに従って実施されたものである。

6　前訴における各第1回口頭弁論期日では，いずれもXが欠席したまま弁論が終結され，昭和61年5月下旬，Xにおいて請求原因事実を自白した

ものとして，Y会社の請求を認容する旨の各判決（以下併せて「前訴判決」という）が言い渡された。

上記各判決正本は，同年5月末から6月初めにかけて，それぞれXの住所に送達され，Bが受領したが，これをXに手渡さなかったため，Xにおいて控訴することなく，前訴判決はいずれも確定した。

7 Y会社は，昭和61年7月22日，F地方裁判所に対し，前訴貸金請求事件の確定判決を債務名義としてXに対する給料債権差押命令の申立てをしたが，同月27日，同申立てを取り下げた。

Xは，Y会社に対し，同月29日に20万円，同年10月から昭和62年4月にかけて計8万円の合計28万円を支払った。

8 Xは，昭和62年10月5日に前訴判決の存在及びその裁判経過を知ったとして，同年11月2日，A裁判所に前訴判決に対する再審の訴えを提起したところ，同裁判所は，前訴における訴状等の付郵便送達が無効であり，旧民訴法420条1項3号所定の事由があるとしたが，上訴の追完が可能であったから，同項ただし書により再審の訴えは許されないとして，同再審の訴えをいずれも却下する判決を言い渡した。これに対してXは，G地方裁判所に控訴を，更にH高等裁判所に上告を提起したが，いずれも排斥されて，同各判決は確定した。

9 Xは，Y会社に対して支払った金額につき不法行為に基づき損害賠償を請求する訴訟（本件訴訟）を提起した。

10 本件訴訟については，次のような判決がされ，請求が認容された。

「1　Y会社が，前訴において，Xに対する請求権の不存在を知りながらあえて訴えを提起したなど，訴訟提起自体について1審原告の権利を害する意図を有していたとは認められないが，Y会社は，前訴の提起に先立つXとの交渉を通じて，Xの勤務先会社を知っていたのであるから，受訴裁判所から

の照会に対して回答するについては、Y会社において把握していた勤務先会社を通じてXに対する連絡先や連絡方法等について更に詳細に調査確認をすべきであり、かつ、この調査確認が格別困難を伴うものでなかったにもかかわらず、これを怠り、安易に受訴裁判所に対して、Xの就業場所が不明であるとの誤った回答をしたものであって、この点においてY会社には重大な過失がある。

2　前訴におけるXに対する訴状等の付郵便送達は、このようなY会社の重大な過失による誤った回答に基づいて実施されたものであるから、付郵便送達を実施するための要件を欠く違法無効なものといわざるを得ず、そのため、前訴においては、Xに対し、有効に訴状等の送達がされず、訴訟に関与する機会が与えられないままY会社勝訴の判決が言い渡されて確定するに至ったものである。

3　前訴においてXに出頭の機会が与えられ、その口頭弁論期日において、Xから、Y会社との間のクレジット契約等につき、BがXの名義を無断で使用してY会社との間で締結したものである旨の主張が提出されていれば、前訴判決の内容が異なったものとなった可能性が高い。

4　確定判決の既判力ある判断と実質的に矛盾するような不法行為に基づく損害賠償請求が是認されるのは、確定判決の取得又はその執行の態様が著しく公序良俗又は信義則に反し、違法性の程度が裁判の既判力による法的安定性の要請を考慮してもなお容認し得ないような特段の事情がある場合に限られるところ、本件においては、Y会社の訴訟上の信義則に反する重過失に基づき、何ら落ち度のないXが前訴での訴訟関与の機会を妨げられたまま、前訴判決が形式的に確定し、しかも、前訴判決の内容も、Xに訴訟関与の機会が与えられていれば異なったものとなった可能性が高いにもかかわらず、Xが訴訟手続上の救済を得られない状態となっているなどの諸般の事情にかんがみれば、確定判決の既判力制度による法的安定の要請を考慮しても、法秩序全体の見地からXを救済しなければ正義に反するような特段の事情がある。」

II　問　題

→ 以上の事実関係において、上記判決の問題点と当否を検討し、説明せよ。ただし、前訴における送達手続は適法に行われたものと認められることを前提とする。

Ⅲ　判例の考え方

1　本問の事実関係によると，Yを原告，Xを被告とする前訴の確定判決が存在するものであり，XのYに対する不法行為に基づき損害賠償を請求する本件訴訟は，前訴の確定判決の既判力に抵触するものと考えられる。

　当事者間に確定判決が存在する場合に，その判決の成立過程における相手方の不法行為を理由として，確定判決の既判力ある判断と実質的に矛盾する損害賠償請求をすることは，確定判決の既判力による法的安定を著しく害する結果となるから，原則として許されるべきではなく，当事者の一方が，相手方の権利を害する意図の下に，作為又は不作為によって相手方が訴訟手続に関与することを妨げ，あるいは虚偽の事実を主張して裁判所を欺罔するなどの不正な行為を行い，その結果本来あり得べからざる内容の確定判決を取得し，かつ，これを執行したなど，その行為が著しく正義に反し，確定判決の既判力による法的安定の要請を考慮してもなお容認し得ないような特別の事情がある場合に限って，許されるものと解するのが相当である（判例）。

2　これを本件についてみると，Xが前訴判決に基づく債務の弁済としてYに対して支払った28万円につき，Yの不法行為により被った損害であるとして，その賠償を求めるXの本訴請求は，確定した前訴判決の既判力ある判断と実質的に矛盾する損害賠償請求である。本問の事実関係によれば，前訴において，Yの担当者が，受訴裁判所からの照会に対して回答するに際し，前訴提起前に把握していたXの勤務先会社を通じてXに対する連絡先や連絡方法等について更に調査確認をすべきであったのに，これを怠り，安易に1審原告の就業場所を不明と回答したというものである。本問指摘の判決の判示するところからみると，この判決は，Yが受訴裁判所からの照会に対して必要な調査を尽くすことなく安易に誤って回答した点において，Yに重大な過失があるとするにとどまるにすぎない。確定判決が存在する場合における不法行為が成立するための要件の一つであるXの権利を害する意図の下にされたものとの前記の要件については，認められないこ

とが明らかである。本問指摘の判決は，本件においては上記の特別の事情があるということができないものであるのに，これを認めるものであり，不当であるというべきである。

Ⅳ　関連問題・参考判例・関連判例・参考文献

関連問題
→ 確定判決の詐取に対する救済方法につき説明せよ。

参考判例
＊最1小判平成 10・9・10 判時 1661 号 81 頁

関連判例
＊最3小判昭和 44・7・8 民集 23 巻 8 号 1407 頁
→ 確定判決に基づいて強制執行がされた場合，判決の成立過程において，原告が被告の権利を害する意図の下に，被告の訴訟手続に対する関与を妨げ，あるいは虚偽の事実を主張して裁判所を欺罔する等の不正な行為を行い，その結果，本来あり得べからざる内容の確定判決を取得してこれを執行したときは，原告の不法行為が成立する。

参考文献
＊山本和彦・リマークス 20 号 124 頁
＊小西義博・平成 11 年度主民解 130 頁
＊山本研・民訴百選 86 頁

事例 44

I　事実関係および問題

　共同相続人A，B，CのうちAとBの間で，ある土地の所有権をめぐって土地所有権確認請求訴訟が提起され，請求を棄却する判決が確定したが，その後，敗訴したAは同じ土地につき遺産確認の訴えを提起することができるかを検討し，その理由とともに検討の結果を説明せよ。

II　判例の考え方

　共同相続人A，B，CのうちAとBとの間において，ある土地につきAの所有権確認請求を棄却する旨の判決が確定し，この確定判決の既判力により，AはBに対して相続による前記土地の共有持分の取得を主張し得なくなるということができる。しかし，このような場合であっても，Aは前記土地につき遺産確認の訴えを提起することができると解するのが相当である。

　けだし，遺産確認の訴えは，特定の財産が被相続人の遺産に属することを共同相続人全員の間で合一に確定するための訴えであるところ（判例），前記確定判決は，AB間において前記土地につきAの所有権の不存在を既判力をもって確定するにとどまり，Aが相続人の地位を有することや前記土地が被相続人の遺産に属することを否定するものではないから，Aは，他の共同相続人であるB，Cに対する遺産確認の訴えの原告適格を失わず，共同相続人全員の間で前記土地の遺産帰属性につき合一確定を求める利益を有するというべきである。

III　関連問題・参考判例・関連判例・参考文献

関連問題

➡ 遺言の効力の確認を請求する訴え，共同相続人間の相続人の地位不存在確認の訴えは，合一的確定が必要であるかを，その理由とともに説明せよ。

参考判例

＊最2小判平成9・3・14判時1600号97頁

関連判例

＊最3小判平成元・3・28民集43巻3号167頁

➡ 　遺産確認の訴えは，財産が現に共同相続人による遺産分割前の共有関係にあることの確認を求める訴えであり，その原告勝訴の確定判決は，当該財産が遺産分割の対象である財産であることを既判力をもって確定し，これに続く遺産分割審判の手続及び同審判の確定後において，当該財産の遺産帰属性を争わせないことによって

共同相続人間の紛争の解決に資するのであるから，固有必要的共同訴訟である。

＊**最3小判平成 16・7・6 民集 58 巻 5 号 1319 頁**（⇨**事例 38**）
→ 特定の共同相続人が相続欠格を理由に被相続人の遺産につき相続人たる地位を失ったか否かは，遺産分割手続の前提問題であり，その地位の不存在確認の訴えは，固有必要的共同訴訟である。

参考文献
＊高見進・リマークス 16 号 135 頁
＊山本和彦・判タ 968 号 78 頁
＊山野目章夫・ＮＢＬ 644 号 68 頁
＊後藤勇・平成 9 年度主民解 178 頁
＊池田辰夫・平成 9 年度重判解 123 頁

事例 45

I 事実関係

1 A（昭和37年4月23日死亡）の相続人は，X（妻），B（長女）及びY（次女）の3名である。

2 別紙物件目録㈠及び㈡記載の土地（本件土地。別紙省略）は，Aが所有者のCから賃借していた土地であるが，昭和30年10月5日に本件土地につき同日付け売買を原因としてCからYへの所有権移転登記がされている。

3 Xは，Aが死亡した後の昭和46年，Yに対して，本件土地につきXが所有権を有することの確認及びXへの所有権移転登記手続を求める訴えを提起し，その所有権取得原因として，Xが本件土地をCから買い受けた，そうでないとしても時効取得したと主張した。これに対し，Yは，本件土地を買い受けたのはAであり，Aは本件土地をYに贈与したと主張した。
　Yは，昭和51年，本件土地上の建物の所有者に対し，所有権に基づいて地上建物収去・本件土地明渡しを求める訴えを提起し，この訴えはXの提起した訴えと併合審理された（以下，併合後の訴訟を「前訴」という）。

4 前訴の控訴審判決（以下「前訴判決」という）は，本件土地の所有権の帰属につき，⑴本件土地をCから買い受けたのは，XではなくAであると認められる，⑵YがAから本件土地の贈与を受けた事実は認められない等，と説示して，Xの所有権確認等の請求を棄却し，Yの地上建物所有者に対する請求も棄却すべきであるとした。前訴判決に対してXのみが

上告したが，昭和61年9月11日，上告棄却の判決により前訴判決が確定した。

5　前訴判決の確定後，Aの遺産分割調停事件において，Yが本件土地の所有権を主張し，本件土地がAの遺産であることを争ったため，X及びBは，平成元年に本訴を提起し，本件土地は，AがCから買い受けたものであり，Aの遺産であって，X及びBは相続によりそれぞれ本件土地の3分の1の共有持分を取得したと主張し，本件土地がAの遺産であることの確認及び前記各共有持分に基づく所有権一部移転登記手続を求めた。

　これに対し，Yは，前訴と同じくAから本件土地の贈与を受けたと主張するとともに，Xが相続による本件土地の共有持分の取得の事実を主張することは，前訴判決の既判力に抵触して許されないと主張し，反訴請求としてXが本件土地の3分の1の共有持分を有しないことの確認を求めた。

II　問　題

→ 本件訴訟の重要な争点になっている手続法上の問題を検討し，その問題に対する見解を説明せよ。なお，法定相続分については，従前の民法の規定によっているが，本件の検討に当たっては，具体的な法定相続分の内容について触れる必要はない。

Ⅲ 判例の考え方

1 本問の事実関係とYの主張の下においては、Xが前訴において所有権の確認を請求し、敗訴判決が確定したものであるから、本件訴訟において所有権の一部としての性質を有する共有持分権を主張することが既判力に抵触するかどうかが問題になり、争点になったものと考えられる。

2 所有権確認請求訴訟において請求棄却の判決が確定したときは、原告が同訴訟の事実審口頭弁論終結の時点において目的物の所有権を有していない旨の判断につき既判力が生じるから、原告がこの時点以前に生じた所有権の一部たる共有持分の取得原因事実を後の訴訟において主張することは、この確定判決の既判力に抵触するものと解される。

3 これを本件についてみると、本問の事実関係によれば、Xは、前訴において、本件土地につき売買及び取得時効による所有権の取得のみを主張し、事実審口頭弁論終結時以前に生じていたAの死亡による相続の事実を主張しないまま、Xの所有権確認請求を棄却する旨の前訴判決が確定したというのであるから、Xが本訴において相続による共有持分の取得を主張することは、前訴判決の既判力に抵触するものであり、前訴においてAの共同相続人であるX、Yの双方が本件土地の所有権の取得を主張して争っていたこと、前訴判決が、双方の所有権取得の主張をいずれも排斥し、本件土地がAの所有である旨判断したこと、前訴判決の確定後にYが本件土地の所有権を主張したため本訴の提起に至ったことなどの事情があるとしても、Xの前記主張は許されないものというべである。

Ⅳ 関連問題・参考判例・関連判例・参考文献

関連問題

→ 後訴の審理において前訴の判決の既判力に抵触するとの主張・立証がされないまま、既判力に抵触する内容の判決がされ、確定した場合、どのように取り扱うべ

きであるかを説明せよ。

参考判例
＊最 2 小判平成 9・3・14 判時 1600 号 89 頁

関連判例
＊最 1 小判昭和 59・1・19 判時 1105 号 48 頁
→ 贈与不存在を理由に抹消登記を請求して敗訴した者が，前訴判決後の贈与負担不履行による解除を理由に移転登記を請求した場合，本件訴えは信義則に反するものではない。

＊最 1 小判平成 13・4・26 金法 1617 号 35 頁
→ 配当異議訴訟において利息制限法所定の制限を超えて支払われた利息または遅延損害金の元本充当の主張を認めた判決の判断は別件の債務不存在確認訴訟の判決の既判力を看過したものである。

参考文献
＊上田徹一郎・民商 117 巻 6 号 99 頁
＊高見進・リマークス 16 号 135 頁
＊山本和彦・判タ 968 号 78 頁
＊池田辰夫・平成 9 年度重判解 123 頁

事例 46

I 事実関係

1 本件訴訟は，経営が破綻したA信用組合の営業の全部を譲り受けたX株式会社（217頁 *3*(1)）が，貸金債権，求償債権等に基づき，Y_1株式会社及びY_2に対し金員の支払等を求めるとともに，X会社が，Y_1会社又はY_2の所有する不動産（以下「本件土地」という）について，Y_3株式会社らに対し，前記各債権を被保全債権とする債権者代位権に基づき所有権移転登記手続等を求めたものである。

2 Y_1らは，本件訴訟において，Y_1会社及びY_2がA信用組合に対する貸金債務，求償債務等を本件土地の売却代金によって弁済しようとしたところ，A信用組合は，本件土地についてされた根抵当権設定登記等を抹消することを不当に拒絶して本件土地の売却を妨害し，また，Y_1会社及びY_2に対し，貸付残高を雪だるま式に増大させた上，自己の利益を図る目的で，Y_1会社及びY_2の支払利息相当分の金額を新たに融資し，これを支払利息に充当する，いわゆる「利貸し」を行ったと主張し，これらの不法行為に基づく損害賠償請求権とXの前記各債権とを対当額で相殺する旨の抗弁を主張したものである。

3 後記 *6* 記載の本件文書の所持者であるX会社は，預金保険法1条に定める目的を達成するために同法によって設立された預金保険機構から委託を受け，同機構に代わって，破綻した金融機関等からその資産を買い取り，その管理及び処分を行うことを主な業務としている。

4 X会社は，A信用組合の経営が破綻したため，その営業の全部を譲り受けたことに伴い，A信用組合の貸付債権等に係る本件文書を所持するに至ったものである。

5 本件文書の作成者であるA信用組合は，営業の全部をX会社に譲り渡し，清算中である。

6 本件は，Y_1会社らが，前記の抗弁に係る事実等を証明するためであるとして，X会社が所持する別紙文書目録(1)ないし(4)記載の各稟議書及び付属書類一切（以下，これらを一括して「本件文書」という。別紙省略）につき文書提出命令を申し立てた事件である。

Ⅱ 問 題

→ この申立てについて，どのように考えるべきかを説明せよ。また，この検討に当たって，A信用組合が清算中であることはどのような影響を及ぼすかも説明せよ。

Ⅲ　判例の考え方

1　本問では，A信用組合が作成し，保存していた貸付に係る稟議書及び付属書類である本件文書につき文書提出命令の対象に当たるかどうかが問題になっているが，主として民事訴訟法220条4号ニ所定の「専ら文書の所持者の利用に供するための文書」（自己利用文書）に当たるかどうかが争われているものと考えられる。もっとも，本件では，本件文書を作成したA信用組合は倒産し，その倒産処理のためにXが事業を譲り受け，本件文書を保管するに至ったことに特徴がある。

2　本件文書は，A信用組合がY_1らへの融資を決定する過程で作成した稟議書とその付属書類であるところ，信用組合の貸出稟議書は，専ら信用組合内部の利用に供する目的で作成され，外部に開示することが予定されていない文書であって，開示されると信用組合内部における自由な意見の表明に支障を来し信用組合の自由な意思形成が阻害されたりするなど看過し難い不利益を生ずるおそれがあるものとして，特段の事情がない限り，民事訴訟法220条4号ニ所定の「専ら文書の所持者の利用に供するための文書」に当たると解すべきである（判例）。

3　この見解に立って，本件文書につき前記の特段の事情があるかどうかについて検討すると，本件では，次のような事実関係がある。

　(1)　本件文書の所持者であるXは，預金保険法1条に定める目的を達成するために同法によって設立された預金保険機構から委託を受け，同機構に代わって，破綻した金融機関等からその資産を買い取り，その管理及び処分を行うことを主な業務とする株式会社である。

　(2)　Xは，A信用組合の経営が破綻したため，その営業の全部を譲り受けたことに伴い，A信用組合の貸付債権等に係る本件文書を所持するに至った。

　(3)　本件文書の作成者であるA信用組合は，営業の全部をXに譲り渡し，清算中であって，将来においても，貸付業務等を自ら行うことはない。

(4) Xは、前記のとおり、法律の規定に基づいてA信用組合の貸し付けた債権等の回収に当たっているものであって、本件文書の提出を命じられることにより、Xにおいて、自由な意見の表明に支障を来しその自由な意思形成が阻害されるおそれがあるものとは考えられない。

4 前記の事実関係の下では、本件文書につき、前記の特段の事情があることを肯定すべきである。

このような結論を採ることによって、現に営業活動をしている金融機関において、作成時には専ら内部の利用に供する目的で作成された貸出稟議書が、いったん経営が破綻してXによる回収が行われることになったときには、開示される可能性があることを危惧して、その文書による自由な意見の表明を控えたり、自由な意思形成が阻害されたりするおそれがないか、という点が問題となり得る。しかし、このような危惧に基づく影響は、前記の結論を左右するに足りる程のものとは考えられないと解するのが相当である。

5 前記の事実関係の下においては、A信用組合が清算中であることは、前記の結論に重要な影響を与えるものであり、仮にA信用組合が通常の事業を継続している場合には、前記の特段の事情が認められないと考えるのが相当である。

Ⅳ　関連問題・参考判例・関連判例・参考文献

関連問題

→ 民訴法224条所定の各効果を説明せよ。

参考判例

＊最2小決平成13・12・7民集55巻7号1411頁

関連判例

*最 2 小決平成 11・11・12 民集 53 巻 8 号 1787 頁
→ 文書の作成目的，記載内容，所持に至る経緯その他の事情から，専ら内部の者の利用に供する目的で作成され，外部に開示することが予定されていない文書で，開示によって所持者に看過し難い不利益が生ずるおそれがあるものは，特段の事情がない限り，民事訴訟法 220 条 4 号ハ（平成 13 年法 96 号による改正後のニ）の文書に当たる。

*最 2 小決平成 16・2・20 判時 1862 号 154 頁
→ 漁業協同組合員と県との間の空港拡張・周辺整備事業に伴う海面埋立てに伴う漁業補償交渉の際に，県が作成した手持ち資料である補償額算定調書中の補償見積額記載部分は種々のデータに基づく手持ち資料であって，かつこれが開示されると漁協の各組合員に対する補償額の自主的配分に著しい支障が生じ，今後の同様の補償交渉を妨げるおそれが生ずるから，民事訴訟法 220 条 4 号ロに該当する。

*最 3 小決平成 17・10・14 民集 59 巻 8 号 2265 頁
→ 民事訴訟法 220 条 4 号ロの「その提出により公共の利益を害し，又は公務の遂行に著しい支障を生ずるおそれがある」とは，文書の記載内容から公務の遂行に著しい支障を生ずるおそれが具体的に存在することをいい，労働局所属の調査担当者が労災事故の調査結果を取りまとめ，労働基準監督署長に提出した災害調査復命書には，調査担当者が職務上知り得た会社の私的な情報と，調査担当者の意見等の行政内部の意思形成過程に関する情報とが記載されているところ，前者については，その提出により今後の労災調査の実施に著しい支障が生ずるおそれが具体的に存在するとはいえない。

*最 2 小決平成 16・11・26 民集 58 巻 8 号 2393 頁
→ 民事訴訟法 220 条 4 号ハ所定の同法 197 条 1 項 2 号の「黙秘すべきもの」とは，依頼者本人が当該事実を秘匿することについて客観的にみて保護に値する利益を有するものをいい，保険管理人によって設置された弁護士等を委員とする調査委員会が作成した調査報告書は，法令上の根拠を有する命令に基づく調査の結果を記載した文書で，かつ，保険管理人や調査委員会は，ともに保険契約者等の保護という公益のために職務及び調査を行うものであるから，同法 220 条 4 号ニ所定の文書には当たらない。

*最 3 小決平成 19・12・11 民集 61 巻 9 号 3364 頁
→ 金融機関と顧客との取引履歴が記載された取引明細書は，金融機関に当該取引履

歴を秘匿する独自の利益が認められず，かつ，顧客がもしこれを所持していたとすれば，民事訴訟法220条4号のいずれの事由にも該当しない場合は，同条4号ハ所定の文書に当たらない。

* **最3小決平成20・11・25民集62巻10号2507頁**
→ 自己査定資料中の非公開財務情報は，会社の民事再生手続開始決定前の信用状態に関するもので，その開示による会社の不利益は通常は軽微である等とし，「職業の秘密」に該当しない。また，自己査定資料中の分析評価情報は，一般に金融機関の顧客に対するかかる情報が開示されると信頼が損なわれるなどの深刻な影響が生ずるから，銀行の職業の秘密に当たるものの，情報の内容，その開示による不利益，民事事件の内容，当該文書の証拠としての必要性等を比較衡量して判断すれば，開示により会社が受ける不利益は通常は軽微であり，文書は高い証拠価値を有するから，提出を拒絶できるほどの保護に値する秘密ではない。

参考文献
* 川嶋四郎・法教260号132頁
* 山本和彦・平成13年度重判解124頁
* 上野㤗男・リマークス26号130頁
* 長谷部由起子・民商127巻1号75頁
* 大内義三・金判1157号62頁

事例 47

I　事実関係

1　Yは，カラオケボックス（以下「本件店舗」という）建築のため，平成6年10月，Aとの間で店舗新築工事請負契約を締結した。

2　Xは，Aに対し，本件商品を含む家具等の商品を販売したとして，平成7年9月18日，B地方裁判所にその残代金の支払を求める訴えを提起した（以下，この訴訟を「前訴」という）。

　前訴において，Aは，Xが本件店舗に納入した本件商品を含む商品について，施主であるYがXから買い受けたものであると主張したことから，Xは，Yに対し，平成8年1月27日送達の訴訟告知書により訴訟告知をした。

3　しかし，Yは，前訴に補助参加しなかった。

4　前訴につき，本件商品に係る代金請求部分について，Xの請求を棄却する旨の判決が言い渡され確定したが，その理由中に，本件商品はYが買い受けたことが認められる旨の記載がある。

5　その後，Xは，Yに対して訴訟を提起した。

Ⅱ 問　題

→ この事案において，XがYに対して提起した訴訟の訴訟物は何かを紹介するとともに，この訴訟において生じる法律上の問題点を指摘し，説明せよ。

Ⅲ 判例の考え方

1 本問の事実関係によると，Xの提起した前訴が売買代金の支払を請求する内容の訴訟であり，本件商品の買主がAであるか，Yであるかが争われているものであり，これに照らすと，XがYに対して提起した本訴の内容は本件商品の売買契約に基づく売買代金の支払請求であると解するのが相当であり，本訴の訴訟物は，売買契約に基づく売買代金支払請求権であると解することができる。

また，前訴においてXが敗訴した理由は，本件商品の買主がAではなく，Yであると認定されたというものであるが，本訴においては，この理由中の判断がYに対してなされた訴訟告知に係る効力（民事訴訟法53条，46条）がYに及ぶか，どのように及ぶかが問題になるものである。

2 ところで，民事訴訟法53条，46条の規定により裁判が訴訟告知を受けたが参加しなかった者に対しても効力を有するのは，訴訟告知を受けた者が同法42条にいう訴訟の結果につき法律上の利害関係を有する場合に限られるところ，ここにいう法律上の利害関係を有するとは，当該訴訟の判決が参加人の私法上又は公法上の法的地位又は法的利益に影響を及ぼすおそれがある場合をいうものと解される（判例）。

また，民事訴訟法46条所定の効力は，判決の主文に包含された訴訟物たる権利関係の存否についての判断だけではなく，その前提として判決の理由中でされた事実の認定や先決的権利関係の存否についての判断などにも及ぶものであるが（判例），この判決の理由中でされた事実の認定や先決的権利関係の存否についての判断とは，判決の主文を導き出すために必要な主要事実に係る認定及び法律判断などをいうものであって，これに当たらない事実又は論点について示された認定や法律判断を含むものではないと解される。けだし，ここでいう判決の理由とは，判決の主文に掲げる結論を導き出した判断過程を明らかにする部分をいい，これは主要事実に係る認定と法律判断などをもって必要にして十分なものと解されるからである。そして，その他，民事訴訟法46条所定の効力が，判決の結論に影

響のない傍論において示された事実の認定や法律判断に及ぶものと解すべき理由はない。

3 これを本件についてみるに，前訴におけるXのAに対する本件商品売買代金請求訴訟の結果によって，YのXに対する本件商品の売買代金支払義務の有無が決せられる関係にあるものではなく，前訴の判決はYの法的地位又は法的利益に影響を及ぼすものではないから，Yは，前訴の訴訟の結果につき法律上の利害関係を有していたとはいえない。したがって，Yが前訴の訴訟告知を受けたからといってYに前訴の判決の効力が及ぶものではない。しかも，前訴の判決理由中，Aが本件商品を買い受けたものとは認められない旨の記載は主要事実に係る認定に当たるが，Yが本件商品を買い受けたことが認められる旨の記載は，前訴判決の主文を導き出すために必要な判断ではない傍論において示された事実の認定にすぎないものであるから，同記載をもって，本訴において，Yは，Xに対し，本件商品の買主がYではないと主張することが許されないと解すべき理由はないということができる。

IV 関連問題・参考判例・関連判例・参考文献

関連問題
→ 訴訟において補助参加を促す手続は何か，その要件とともに説明せよ。

参考判例
＊最3小判平成14・1・22判時1776号67頁

関連判例
＊最1小判昭和45・10・22民集24巻11号1583頁
→ 民事訴訟法46条（旧民事訴訟法70条）の効力は，補助参加人が自己の利益を守るべく被参加人に協力して訴訟追行することが認められた以上は被参加人敗訴の際その責任を参加人にも分担させるという特殊な効力であり，既判力とは異なり，判決主文のみならず判決理由中の判断についても及ぶ。

*最1小決平成 13・1・30 民集 55 巻 1 号 30 頁
→ 取締役会の意思決定が違法であるとして提起された株主代表訴訟の場合，特段の事情のない限り，当該意思決定により形成された会社の公法上又は私法上の法的な地位又は利益に影響が生ずるから，会社は取締役のため補助参加できる法律上の利害関係を有する。

参考文献
*中島弘雅・平成 13 年度重判解 129 頁
*和田吉弘・民訴百選 224 頁
*山本克己・法教 302 号 91 頁
*松本博之・民商 127 巻 1 号 132 頁
*上野泰男・判評 532（判時 1815）号 12 頁

事例 48

I 事実関係

1 本件訴訟において，Xは，Y_1，Y_2 との間においてXが別紙目録（省略）記載の建物の所有権並びに同目録1及び2記載の土地の賃借権を有することの確認等の請求をし，その請求原因として，Xが，昭和21年ころに，Aから本件土地を賃借し，その地上に本件建物を建築したとの事実を主張した。Y_1 らは，これを否認し，本件土地を賃借して本件建物を建築したのは，Xではなく，Xの亡父Bである旨，後記 *2* の事実を主張した。

2 Bは昭和29年4月5日に死亡し，Bには妻C及びXを含む6人の子があり，当時の民法によると，Xの法定相続分は9分の1であった。

3 控訴審判決は，①X主張の前記事実を認めるに足りる証拠はなく，かえって，Y_1 らの主張するとおり，本件土地を賃借し，本件建物を建築したのはBであることが認められるとして，②その余の点について判断することなく直ちに，Xの請求を認容した第1審判決を取り消し，Xの請求をすべて棄却した。

II 問題

→ 以上の事実関係の下において，控訴審判決の訴訟手続上の問題点を取り上げ，相当な見解を説明せよ。

Ⅲ　判例の考え方

1　本件訴訟においてXの主張する本件建物の所有権，本件土地の賃借権の取得原因は，本問の事実関係のとおり，Xが，昭和21年ころに，Aから本件土地を賃借し，その地上に本件建物を建築したというものであるのに対し，控訴審判決の認定は，Bが本件土地を賃借し，本件建物を建築し，Xが相続によって持分を取得したというものである。Xの法定相続分は9分の1であるから，これと異なる遺産分割がされたなどの事実がない限り，Xは，本件建物の所有権及び本件土地の賃借権の各9分の1の持分を取得したことが明らかである。

2　Xが，本件建物の所有権及び本件土地の賃借権の各9分の1の持分を取得したことを前提として，予備的にこの持分の確認等を請求するのであれば，Bが本件土地を賃借し，本件建物を建築したとの事実がその請求原因の一部となり，この事実についてはXが主張立証責任を負担する。

　本件においては，Xがこの事実を主張せず，かえってY₁らがこの事実を主張し，Xはこれを争ったものであるが，控訴審としては，Y₁らのこの主張に基づいて前記の事実を確定した以上は，Xがこれを自己の利益に援用しなかったとしても，適切に釈明権を行使するなどした上で，この事実をしんしゃくし，Xの請求の一部を認容すべきであるかどうかについて審理判断すべきものと解するのが相当である。

3　本件においては，Y₁らにとっては，相手方の援用しない自己に不利益の陳述がされているものであり，この陳述に係る事実を前提とすれば，Xの請求が一部認容されることになるから，控訴審としてはこの事実につき審理，判断することが必要であったというべきである。

Ⅳ　関連問題・参考判例・関連判例・参考文献

関連問題
→ 相手方の援用しない当事者の不利益な陳述の訴訟上の効果について説明せよ。

参考判例
＊最1小判平成9・7・17判時1614号72頁

関連判例
＊最3小判昭和55・7・15判時979号52頁
→ 所有権に基づく土地明渡請求において，事情としてではあるが，被告が本件土地を原告から賃借していたものである旨陳述し，原告もこの賃貸の事実を認める旨陳述している場合には，被告のその陳述が占有権限として賃借権を主張する趣旨であるか否か釈明すべきである。

＊最1小判平成8・2・22判時1559号46頁
→ 第1審で筆跡鑑定を申請し，控訴審で書証の成立の真正を疑うなら適切な釈明権行使を求めると陳述した場合，書証上の署名と本人尋問の宣誓書上の署名の筆跡が異なる事情の下で，筆跡鑑定を改めて申請するかにつき釈明すべきである。

参考文献
＊松本博之・リマークス17号124頁
＊小林秀之＝畑宏樹・判評471（判時1631）号45頁
＊池田辰夫・平成9年度重判解123頁
＊松村和德・民訴百選108頁

事例 49

I 事実関係および問題

　Aは，建物を所有し，Bに賃貸していたところ，Aの債権者C株式会社が確定判決による債務名義に基づきAの有する賃料債権を差し押さえた。その後，Aは，D株式会社に対して本件建物を売却した。この場合，D会社は，差押債権者であるC会社に対して，本件建物の賃料債権を取得したことを対抗することができるかにつき，その理由とともに説明せよ。

Ⅱ　判例の考え方

　自己の所有建物を他に賃貸している者が第三者に当該建物を譲渡した場合には，特段の事情のない限り，賃貸人の地位もこれに伴って当該第三者に移転するが（判例），建物所有者の債権者が賃料債権を差し押さえ，その効力が発生した後に，当該所有者が建物を他に譲渡し賃貸人の地位が譲受人に移転した場合には，当該譲受人は，建物の賃料債権を取得したことを差押債権者に対抗することができないと解すべきである。

　けだし，建物の所有者を債務者とする賃料債権の差押えにより当該所有者の建物自体の処分は妨げられないけれども，当該差押えの効力は，差押債権者の債権及び執行費用の額を限度として，建物所有者が将来収受すべき賃料に及んでいるから（民事執行法 151 条），当該建物を譲渡する行為は，賃料債権の帰属の変更を伴う限りにおいて，将来における賃料債権の処分を禁止する差押えの効力に抵触するというべきだからである。

Ⅲ　関連問題・参考判例・関連判例・参考文献

関連問題

→ 本問の事案において，建物の所有者が賃貸借契約を合意解除した場合には，差押えの効力がそのまま認められるかを説明せよ。

参考判例

＊最 3 小判平成 10・3・24 民集 52 巻 2 号 399 頁

関連判例

＊最 1 小判昭和 33・9・18 民集 12 巻 13 号 2040 頁
→ 賃料増減請求権が行使された場合，増減の範囲について当事者間に争いがあるときは，既に客観的に定まった増減の範囲が裁判所によって確定される。

＊最 1 小判昭和 44・11・6 民集 23 巻 11 号 2009 頁
→ 建物の将来における賃料債権の差押の効力発生後にあっては，差押債務者がする

賃料債務の免除は，差押債権者を害する限度において同人に対抗できない。

* **最 2 小判昭和 46・4・23 民集 25 巻 3 号 388 頁**
→ 賃貸借の目的となっている土地の所有者がその所有権とともに賃貸人たる地位を他に譲渡することは，賃貸人の義務の移転を伴うが，特段の事情のない限り，賃借人の承諾を必要とせず，新旧所有者間の契約ですることができる。

参考文献
＊千葉恵美子・民商 120 巻 4 = 5 号 256 頁
＊上野泰男・リマークス 18 号 136 頁
＊山本和彦・判評 482（判時 1664）号 34 頁
＊内山衛次・平成 10 年度重判解 133 頁
＊河崎祐子・民執・保全百選 108 頁

事例 50

I 事実関係

1 X株式会社は建築の請負等を目的とする株式会社であり，Y株式会社は銀行業務を目的とする株式会社である。

2 X会社とY銀行は，平成18年2月15日付けで，X会社について，支払の停止又は破産，再生手続開始，会社更生手続開始，会社整理開始若しくは特別清算開始の各申立てがあった場合，Y銀行からの通知催告等がなくても，X会社はY銀行に対する一切の債務について当然に期限の利益を喪失し，直ちに債務を弁済する旨の条項のほか，次の条項（以下「本件条項」という）を含む銀行取引約定を締結した。

X会社がY銀行に対する債務を履行しなかった場合，Y銀行は，担保及びその占有しているX会社の動産，手形その他の有価証券について，必ずしも法定の手続によらず一般に適当と認められる方法，時期，価格等により取立て又は処分の上，その取得金から諸費用を差し引いた残額を法定の順序にかかわらずX会社の債務の弁済に充当することができる。

3 X会社は，平成20年2月12日，T地方裁判所に再生手続開始の申立てをし，同月19日，再生手続開始の決定を受けた。

X会社は，上記再生手続開始の申立て当時，Y銀行に対し，少なくとも9億6866万9079円の当座貸越債務（以下「本件当座貸越債務」という）を負担していたが，上記銀行取引約定に基づき，その期限の利益を喪失した。

4 Y銀行は，X会社の再生手続開始の申立てに先立ち，X会社から，満期を平成20年2月20日～同年6月25日とする別紙「代金取立手形の明細」（省略）記載の各約束手形（以下「本件各手形」と総称する）について，取立委任のための裏書譲渡を受けた。

5 Y銀行は，X会社の再生手続開始後，本件各手形を順次取り立て，合計5億6225万9545円の取立金（以下「本件取立金」という）を受領した。

6 Y銀行は，本件取立金を本件条項に基づき本件当座貸越債務の一部の弁済に充当することは，民事再生法上，別除権の行使として許されるものであって，Y銀行による本件取立金の利得は法律上の原因を欠くものではないと主張している。

Ⅱ 問題

→ 以上の事実関係において，X会社がY銀行に対して金銭の支払を請求する訴訟を提起したが，本件訴訟の訴訟物を紹介し，主要な争点を取り上げ，説明せよ。

III 判例の考え方

1 本問の事実関係によると，本件訴訟は，YがXから取立委任を受けた約束手形をXの再生手続開始後に取り立てたにもかかわらず，その取立金を法定の手続によらずXの債務の弁済に充当し得る旨を定める銀行取引約定に基づきXの当座貸越債務の弁済に充当したことを理由にXに引き渡さないものであるから，XがYに対して上記取立金を法律上の原因なくして利得するものである等と主張し，不当利得返還請求権に基づき，取立金合計5億6225万9545円の返還等を請求したものと考えることができ，この不当利得返還請求権が訴訟物であると解することができる。

本件訴訟の主要な争点は，YがXから取立委任を受けた約束手形につき商事留置権を主張しているものということができるから，Xの再生手続開始後の取立てに係る取立金を銀行取引約定に基づきXの債務の弁済に充当することの可否である。

2 留置権は，他人の物の占有者が被担保債権の弁済を受けるまで目的物を留置することを本質的な効力とするものであり（民法295条1項），留置権による競売（民事執行法195条）は，被担保債権の弁済を受けないままに目的物の留置をいつまでも継続しなければならない負担から留置権者を解放するために認められた手続であって，上記の留置権の本質的な効力を否定する趣旨に出たものでないことは明らかであるから，留置権者は，留置権による競売が行われた場合には，その換価金を留置することができるものと解される。この理は，商事留置権の目的物が取立委任に係る約束手形であり，当該約束手形が取立てにより取立金に変じた場合であっても，取立金が銀行の計算上明らかになっているものである以上，異なるところはないというべきである。

したがって，取立委任を受けた約束手形につき商事留置権を有する者は，当該約束手形の取立てに係る取立金を留置することができるものと解するのが相当である。

3　そうすると，会社から取立委任を受けた約束手形につき商事留置権を有する銀行は，同会社の再生手続開始後に，これを取り立てた場合であっても，民事再生法53条2項の定める別除権の行使として，その取立金を留置することができることになるから，これについては，その額が被担保債権の額を上回るものでない限り，通常，再生計画の弁済原資や再生債務者の事業原資に充てることを予定し得ないところであるといわなければならない。このことに加え，民事再生法88条が，別除権者は当該別除権に係る担保権の被担保債権については，その別除権の行使によって弁済を受けることができない債権の部分についてのみ再生債権者としてその権利を行うことができる旨を規定し，同法94条2項が，別除権者は別除権の行使によって弁済を受けることができないと見込まれる債権の額を届け出なければならない旨を規定していることも考慮すると，上記取立金を法定の手続によらず債務の弁済に充当できる旨定める銀行取引約定は，別除権の行使に付随する合意として，民事再生法上も有効であると解するのが相当である。このように解しても，別除権の目的である財産の受戻しの制限，担保権の消滅及び弁済禁止の原則に関する民事再生法の各規定の趣旨や，経済的に窮境にある債務者とその債権者との間の民事上の権利関係を適切に調整し，もって当該債務者の事業又は経済生活の再生を図ろうとする民事再生法の目的（同法1条）に反するものではないというべきである。

　したがって，会社から取立委任を受けた約束手形につき商事留置権を有する銀行は，同会社の再生手続開始後の取立てに係る取立金を，法定の手続によらず同会社の債務の弁済に充当し得る旨を定める銀行取引約定に基づき，同会社の債務の弁済に充当することができる。

4　以上によれば，Yは，本件取立金を本件条項に基づき本件当座貸越債務の弁済に充当することができるというべきであり，Yによる本件取立金の利得が法律上の原因を欠くものでないことは明らかである。

Ⅳ 関連問題・参考判例・関連判例・参考文献

関連問題
→ 民事留置権と商事留置権の要件,効果の違いを説明せよ。

参考判例
＊最1小判平成 23・12・15 民集 65 巻 9 号 3511 頁

関連判例
＊最3小判平成 3・7・16 民集 45 巻 6 号 1101 頁
→ 留置権者は,留置物の一部を債務者に引き渡した場合,特段の事情のない限り,債権の全部の弁済を受けるまで,留置物の残部につき留置権を行使できる。

＊最1小判平成 9・7・3 民集 51 巻 6 号 2500 頁
→ 留置物が第三者に譲渡された場合,その対抗要件具備よりも前に留置権者が民法 298 条 2 項の承諾を受けていたときは,留置権者はその効果を新所有者に対抗することができる。

参考文献
＊岡正晶・金法 1937 号 9 頁
＊片岡雅・金法 1937 号 12 頁

判 例 索 引

＊各事例で「参考判例」として掲げられている判例については，その事例№を【 】内に示し，掲載頁数は，太字とした。

最 1 小判昭和 31・5・10 民集 10 巻 5 号 487 頁……………………………… 92
最 3 小判昭和 32・4・16 民集 11 巻 4 号 638 頁……………………………… 43
最 1 小判昭和 32・12・12 民集 11 巻 13 号 2131 頁…………………………… 84
最 1 小判昭和 33・9・18 民集 12 巻 13 号 2040 頁…………………………… 230
最 3 小判昭和 35・4・12 民集 14 巻 5 号 817 頁……………………………… 95
最 3 小判昭和 35・4・26 民集 14 巻 6 号 1071 頁…………………………… 107
最 3 小判昭和 35・11・1 民集 14 巻 13 号 2781 頁…………………………… 80
最 2 小判昭和 36・7・7 民集 15 巻 7 号 1800 頁……………………………… 128
最 2 小判昭和 37・4・20 民集 16 巻 4 号 955 頁……………………………… 47
最 3 小判昭和 37・8・21 民集 16 巻 9 号 1809 頁…………………………… 36,148
最 3 小判昭和 38・10・15 民集 17 巻 9 号 1202 頁…………………………… 117
最 3 小判昭和 40・5・4 民集 19 巻 4 号 811 頁……………………………… 122
最 2 小判昭和 40・6・18 民集 19 巻 4 号 986 頁……………………………… 47
最 1 小判昭和 41・4・14 民集 20 巻 4 号 649 頁……………………………… 173
最 3 小判昭和 41・4・26 民集 20 巻 4 号 826 頁……………………………… 48
最 1 小判昭和 41・5・19 民集 20 巻 5 号 947 頁……………………………… 99
最 1 小判昭和 41・7・14 民集 20 巻 6 号 1183 頁…………………………… 195
最 1 小判昭和 41・10・27 民集 20 巻 8 号 1649 頁…………………………… 95
最 2 小判昭和 42・11・24 民集 21 巻 9 号 2460 頁…………………………… 177
最 2 小判昭和 43・2・9 民集 22 巻 2 号 122 頁……………………………… 68
最 2 小判昭和 43・2・23 民集 22 巻 2 号 281 頁……………………………… 158
最 1 小判昭和 43・5・31 民集 22 巻 5 号 1137 頁…………………………… 188
最 3 小判昭和 43・8・20 民集 22 巻 8 号 1692 頁…………………………… 164
最 1 小判昭和 44・4・24 民集 23 巻 4 号 855 頁……………………………… 117
最 3 小判昭和 44・7・8 民集 23 巻 8 号 1407 頁……………………………… 207
最 1 小判昭和 44・11・6 民集 23 巻 11 号 2009 頁…………………………… 230
最 2 小判昭和 45・4・10 民集 24 巻 4 号 240 頁……………………………… 52
最 1 小判昭和 45・10・22 民集 24 巻 11 号 1583 頁………………………… 224
最 1 小判昭和 46・3・25 民集 25 巻 2 号 208 頁……………………………… 112

最2小判昭和 46・4・23 民集 25 巻 3 号 388 頁……………………………………… 231
最2小判昭和 47・2・18 民集 26 巻 1 号 46 頁………………………………………… 48
最1小判昭和 48・7・19 民集 27 巻 7 号 823 頁……………………………………… 52
最1小判昭和 49・3・7 民集 28 巻 2 号 174 頁……………………………………… 140
最2小判昭和 49・12・20 民集 28 巻 10 号 2072 頁…………………………………… 63
最2小判昭和 51・7・19 民集 30 巻 7 号 706 頁……………………………………… 188
最1小判昭和 52・3・17 民集 31 巻 2 号 308 頁…………………………………… 52,136
最1小判昭和 54・2・15 民集 33 巻 1 号 51 頁……………………………………… 103
最3小判昭和 54・3・20 判時 927 号 186 頁………………………………………… 128
最3小判昭和 55・7・15 判時 979 号 52 頁…………………………………………… 228
最3小判昭和 57・1・19 判時 1032 号 55 頁………………………………………… 33
最1小判昭和 57・1・21 民集 36 巻 1 号 71 頁……………………………………… 164
最1小判昭和 58・1・20 判時 1076 号 56 頁………………………………………… 23
最2小判昭和 58・3・18 家月 36 巻 3 号 143 頁……………………………………… 192
最1小判昭和 59・1・19 判時 1105 号 48 頁………………………………………… 214
最1小判昭和 59・2・23 民集 38 巻 3 号 445 頁…………………………………… 36,148
最2小判昭和 59・4・20 民集 38 巻 6 号 610 頁……………………………………… 158
最2小判昭和 62・6・5 判時 1260 号 7 頁…………………………………………… 76
最1小判昭和 62・10・8 民集 41 巻 7 号 1445 頁…………………………………… 80
最3小判昭和 62・11・10 民集 41 巻 8 号 1559 頁…………………………………… 103
最3小判昭和 63・3・1 判時 1312 号 92 頁………………………………………… 48
最2小判昭和 63・5・20 判時 1277 号 116 頁……………………………………… 89
最2小判昭和 63・7・1 民集 42 巻 6 号 451 頁……………………………………… 182
最3小判平成元・3・28 民集 43 巻 3 号 167 頁…………………………………… 185,209
最1小判平成元・12・21 民集 43 巻 12 号 2209 頁………………………………… 73
最3小判平成 3・4・2 民集 45 巻 4 号 349 頁……………………………………… 173
最3小判平成 3・7・16 民集 45 巻 6 号 1101 頁…………………………………… 236
最2小判平成 3・10・25 民集 45 巻 7 号 1173 頁…………………………………… 182
最3小判平成 3・11・19 民集 45 巻 8 号 1209 頁…………………………………… 27,43
最3小判平成 3・12・17 民集 45 巻 9 号 1435 頁…………………………………… 153
最1小判平成 4・3・19 民集 46 巻 3 号 222 頁……………………………………… 59
最3小判平成 4・10・20 民集 46 巻 7 号 1129 頁…………………………………… 84
最3小判平成 5・1・19 民集 47 巻 1 号 1 頁………………………………………… 192
最1小判平成 5・1・21 民集 47 巻 1 号 265 頁……………………………………… 48
最1小判平成 5・12・16 判時 1489 号 114 頁……………………………………… 40
最3小判平成 6・1・25 民集 48 巻 1 号 41 頁……………………………………… 185
最1小判平成 6・10・13 判時 1558 号 27 頁………………………………………… 201
最3小判平成 7・1・24 判時 1523 号 81 頁………………………………………… 188
最3小判平成 7・3・7 民集 49 巻 3 号 893 頁……………………………………… 201
最2小判平成 8・1・26 民集 50 巻 1 号 155 頁【34】……………………………… **168**

最 1 小判平成 8・2・22 判時 1559 号 46 頁	228
最 3 小判平成 8・6・18 判時 1577 号 87 頁	39
最 2 小判平成 8・7・12 民集 50 巻 7 号 1918 頁	141
最 2 小判平成 8・10・14 民集 50 巻 9 号 2431 頁	117
最 3 小判平成 8・11・12 民集 50 巻 10 号 2673 頁	158
最 3 小判平成 8・12・17 民集 50 巻 10 号 2778 頁	95,99
最 3 小判平成 9・2・14 民集 51 巻 2 号 337 頁【1】	**23**,33,128
最 2 小判平成 9・3・14 判時 1600 号 89 頁【45】	214
最 2 小判平成 9・3・14 判時 1600 号 97 頁【44】	209
最 2 小判平成 9・4・11 裁時 1193 号 175 頁	112
最 1 小判平成 9・4・24 民集 51 巻 4 号 1991 頁【4】	**36**,148
最 1 小判平成 9・6・5 民集 51 巻 5 号 2053 頁【8】	**52**,55
最 1 小判平成 9・7・3 民集 51 巻 6 号 2500 頁	236
最 3 小判平成 9・7・15 民集 51 巻 6 号 2581 頁【26】	33,**128**
最 1 小判平成 9・7・17 民集 51 巻 6 号 2882 頁【24】	117
最 1 小判平成 9・7・17 判時 1614 号 72 頁【48】	228
最 1 小判平成 10・2・26 民集 52 巻 1 号 255 頁【19】	88,**95**,99
最 1 小判平成 10・2・27 民集 52 巻 1 号 299 頁【39】	188
最 1 小判平成 10・3・24 民集 52 巻 2 号 399 頁【49】	230
最 3 小判平成 10・3・24 判時 1641 号 80 頁【17】	**88**,92
最 2 小判平成 10・3・27 民集 52 巻 2 号 661 頁	185
最 2 小判平成 10・4・24 判時 1661 号 66 頁【15】	63,**80**
最 1 小判平成 10・5・26 民集 52 巻 4 号 985 頁【6】	27,**43**
最 1 小判平成 10・6・11 民集 52 巻 4 号 1034 頁	195
最 1 小判平成 10・6・12 民集 52 巻 4 号 1087 頁【13】	72
最 1 小判平成 10・6・12 民集 52 巻 4 号 1121 頁	132
最 1 小判平成 10・6・22 民集 52 巻 4 号 1195 頁【10】	59
最 3 小判平成 10・6・30 民集 52 巻 4 号 1225 頁【31】	153
最 2 小判平成 10・7・17 民集 52 巻 5 号 1296 頁【7】	47
最 1 小判平成 10・9・10 民集 52 巻 6 号 1494 頁【37】	182
最 1 小判平成 10・9・10 判時 1661 号 81 頁【43】	207
最 1 小判平成 10・12・17 判時 1664 号 59 頁【11】	**63**,68
最 3 小判平成 11・1・29 民集 53 巻 1 号 151 頁	136
最 1 小判平成 11・2・25 判時 1670 号 18 頁【36】	177
最 2 小判平成 11・2・26 判時 1671 号 67 頁	59
最 2 小判平成 11・6・11 民集 53 巻 5 号 898 頁	132
最 1 小判平成 11・6・24 民集 53 巻 5 号 918 頁【41】	195
最 1 小判平成 11・10・21 民集 53 巻 7 号 1190 頁	59
最 1 小決平成 11・11・12 民集 53 巻 8 号 1787 頁	219
最 1 小判平成 11・11・25 判時 1696 号 108 頁【12】	68

239

最3小判平成11・11・30民集53巻8号1965頁【22】	**107**
最3小判平成11・11・30判時1701号69頁【32】	**157**
最1小判平成11・12・16民集53巻9号1989頁	188
最1小判平成12・2・24民集54巻2号523頁	201
最1小判平成12・3・9民集54巻3号1013頁	132
最2小判平成12・4・7判時1713号50頁【20】	**99**
最2小判平成12・7・7金法1599号88頁【27】	**132**
最1小判平成12・9・7金法1597号73頁【40】	**192**
最3小判平成12・12・19判時1737号35頁【25】	**122**
最1小決平成13・1・30民集55巻1号30頁	225
最1小判平成13・4・26金法1617号35頁	214
最1小判平成13・11・12判時1772号49頁【33】	**164**
最3小判平成13・11・27民集55巻6号1090頁【29】	**140**
最3小判平成13・11・27民集55巻6号1311頁【16】	**84**
最2小決平成13・12・7民集55巻7号1411頁【46】	**218**
最3小判平成14・1・22判時1776号67頁【47】	**224**
最3小判平成14・1・29民集56巻1号218頁	64
最1小判平成14・7・11判時1805号56頁【5】	**39**
最1小判平成15・3・27金法1702号72頁【23】	**112**
最3小判平成15・4・8民集57巻4号337頁【30】	36,**147**
最2小判平成15・6・13判時1831号99頁	123
最2小判平成15・7・11民集57巻7号787頁【18】	89,**92**
最2小決平成16・2・20判時1862号154頁	219
最3小判平成16・7・6民集58巻5号1319頁【38】	**184**,210
最3小判平成16・7・13判時1871号76頁	76
最3小判平成16・10・26判時1881号64頁【2】	**26**
最2小決平成16・11・26民集58巻8号2393頁	219
最2小判平成17・7・11判時1911号97頁	27
最3小決平成17・10・14民集59巻8号2265頁	219
最3小判平成18・2・7民集60巻2号480頁	107
最1小判平成18・2・23民集60巻2号546頁	122
最2小判平成18・4・14民集60巻4号1497頁	153
最1小判平成18・7・20民集60巻6号2499頁	103
最1小判平成19・3・8民集61巻2号479頁	27
最3小決平成19・12・11民集61巻9号3364頁	219
最3小決平成20・11・25民集62巻10号2507頁	220
最1小判平成21・1・22民集63巻1号228頁	89
最2小判平成21・3・27民集63巻3号449頁【28】	**136**
最2小判平成21・7・17判時2056号61頁【3】	**32**
最2小判平成21・12・18民集63巻10号2900頁【42】	**201**

最3小判平成 22・6・1 民集 64 巻 4 号 953 頁【35】……………………… **173**
最1小決平成 22・12・2 民集 64 巻 8 号 1990 頁【21】……………………… **103**
最2小判平成 23・1・21 判時 2105 号 9 頁【14】……………………… **76**
最2小判平成 23・2・18 判時 2109 号 50 頁……………………………… **27**
最3小判平成 23・10・18 民集 65 巻 7 号 2899 頁【9】……………………… **55**
最1小判平成 23・12・15 民集 65 巻 9 号 3511 頁【50】……………………… **236**

民事判例の読み方・学び方・考え方
Learning, Understanding and Applying of the Supreme Court decisions

2013 年 3 月 30 日　初版第 1 刷発行

著　者　　升　田　　　　純
発行者　　江　草　貞　治
発行所　　株式会社　有　斐　閣
　　　　　　　　　郵便番号101-0051
　　　　　東京都千代田区神田神保町2-17
　　　　　　　電話 (03) 3264-1314 〔編集〕
　　　　　　　　 (03) 3265-6811 〔営業〕
　　　　　　　http://www.yuhikaku.co.jp/

印刷・萩原印刷株式会社／製本・大口製本印刷株式会社
© 2013, J. Masuda. Printed in Japan
落丁・乱丁本はお取替えいたします。
★定価はカバーに表示してあります。

ISBN 978-4-641-13642-7

|JCOPY| 本書の無断複写 (コピー) は、著作権法上での例外を除き、禁じられています。複写される場合は、そのつど事前に、(社) 出版者著作権管理機構 (電話03-3513-6969、FAX03-3513-6979、e-mail：info@jcopy.or.jp) の許諾を得てください。